知心爱人

男性篇

TO MAN

婚姻是可以设计的

郭亚军 编著

中国社会出版社

国家一级出版社★全国百佳图书出版单位

图书在版编目（CIP）数据

婚姻是可以设计的．男性篇／郭亚军编著．—北京：中国社会出版社，2013.11

ISBN 978－7－5087－4565－7

Ⅰ.①婚…　Ⅱ.①郭…　Ⅲ.①男性—婚姻—通俗读物　Ⅳ.①C913.13－49

中国版本图书馆 CIP 数据核字（2013）第 237049 号

书　　名：婚姻是可以设计的（男性篇）
编　　著：郭亚军
助理编辑：武瑾瑾
责任编辑：魏光洁

出版发行：中国社会出版社　**邮政编码：**100032
通联方法：北京市西城区二龙路甲 33 号新龙大厦
电　话：编辑部：(010)66061723　(010)66026807
邮购部：(010)66081078
销售部：(010)66080300　(010)66085300
(010)66083600
传　真：(010)66051713　(010)66080880
网　　址：www.shcbs.com.cn
经　　销：各地新华书店

印刷装订：北京华创印务有限公司
开　　本：145mm×210mm　1/32
印　　张：10.375
字　　数：200 千字
版　　次：2013 年 11 月第 1 版
印　　次：2013 年 11 月第 1 次印刷
定　　价：26.00 元

目　录

第三部分　如果你是王子，请寻找你的公主

第八部分　修养好性情，做个真男人

前言

FOREWORD

人生面临着许多选择，而爱情、婚姻和家庭，则是男人一生的重大选择。因为爱，也因为相信对方能带给自己幸福，于是两个毫无关系的人相识、相知、相爱，伴着对未来美好生活的向往，牵着心中完美的她走进了婚姻的殿堂。

虽说男人是理性的，女人是感性的，但感情在男人的世界里也占据了重要的位置。对男人而言，人生不能没有爱情。可是，无数过来人的经历告诉我们，爱情是人生中的头号难题，是最大的快乐源泉，也是最大的痛苦源泉。那么，怎样遇见专属于自己的女神，把握自己的爱情，让她成为人生快乐的源泉呢？

当我们寻到自己的另一半，并为爱情谱好了曲，那么，接着婚姻便是将这首动听的曲子一直演奏下去，直到年华老去，直到死亡降临。但是，无数的事实又告诉我们，婚姻不是爱情的最终归宿，幸福的婚姻才是真正的目的。男人们，又该怎样使自己拥有幸福美满的婚姻呢？

结婚后，二人世界终将成为三人世界，甚至多人世界。爱情这首曲子，也由最初的二重奏变成了多重奏，于是调子便不免显得有一点儿杂乱。面对她、彼此的家人、共同的孩子，还有自己，男人又该怎样定位好自己的角色，在这错综复杂的关系中，处理得当，让自己拥有更多的幸福？

《婚姻是可以设计的（男性篇）》便能为你解决这些困惑。本书将告诉每一位男性朋友该找谁、该选谁、该爱谁、该娶谁、该和谁一起慢慢变老，从理念到技巧，从婚前到婚后，从恋爱到家庭，全过程讲解男人的爱情婚姻之道。这是一本男人的智慧书、幸福书和魔法书，它会使单身的男孩儿找到心仪的她、恋爱的男人走进婚姻殿堂、结婚的男人拥有和睦家庭，并且帮助围城外的男人了解婚姻，围城内的男人经营婚姻。

茫茫人海中，遇见她，原来也可以人为地设计；娶了她，当然要把过程好好设计一番；结婚后，让自己和家庭更幸福，其实也有方法可循。如此，我们便能从一开始就设计出我们的爱情、爱人、婚姻和家庭，使自己在人生路上一直幸福到底。

世界上，没有一个男人生下来就懂得好女人的标准、懂得如何爱她并让她更爱你、懂得如何巧妙把爱情推进婚姻殿堂、懂得如何打造完美妻子、懂得如何拥有幸福家庭、懂得如何使自己打心眼里幸福。本书，将“选好女人之道”、“恋爱之道”、“婚姻保养之道”、“家庭和睦之道”，一一为你道来。

具体来说，本书包括以下八个方面的内容：

第一部分　父母给了你前半辈子，你找的女人决定你的后半辈子

第二部分　爱情需要经营，婚姻需要设计

第三部分　如果你是王子，请寻找你的公主

第四部分　洞察女人心，白首不离分

第五部分　一千句“我爱你”，比不过一句“我娶你”

第六部分　男人是用来捧的，女人是用来宠的

第七部分　男人要做“双面胶”，牢牢粘合这个家

第八部分　修养好性情，做个真男人

婚姻需要我们用智慧去设计和规划，男性朋友们，婚姻不是爱情的终点站，而是幸福的里程碑，婚后仍然要注入自己的爱和智慧。掌握一个个恋爱和婚姻的秘诀，用心经营爱情，呵护婚姻，便能够使婚姻成为幸福的新起点。

在本书的策划编辑过程中，得到很多人的帮助，责任编辑武瑾瑾小姐提供了很多有创意的想法，于健、焦帅伟、李亚星、赵亭、张璐珂及彭恒等为协助本书的编著付出了辛勤的劳动，尤其是于健为本书的内容做出了重要贡献，在此一并致谢。

本书与《婚姻是可以设计的（女性篇）》共为一套，已有自己的另一半的男性朋友，如果您感觉本书有可读性，您可以推荐给自己的她读一读《婚姻是可以设计的（女性篇）》，毕竟正如书里所说，爱需要的是相互的付出。如果你们共同翻阅，想必也是极好的。

男士们，最后请坚信：幸福美满的婚姻是可以通过自己的努力与智慧，用心设计出来的！

第一部分

父母给了你前半辈子，你找的女人决定你的后半辈子

为女人分分类
——找到一个好妻子

有人说，女人干得好不如嫁得好。对于男人而言，选择一个好妻子也非常重要。一个好妻子能解除男人的后顾之忧，让男人省下更多的精力去经营事业，并享受美满的婚姻生活。

天下的女人有很多种，虽然性格各不相同，但是我们总能找出相似的地方，总体来说，女人有下面四种类型：

（1）实际型

这一类型的女性缺乏一种浪漫情怀，她们对于生活的要求往往很实际，对于不切实际的事情很少关心。男人年轻时谈恋爱一般不太喜欢这类女性，重物质轻精神，显得很俗。但是生活落到了柴米油盐的俗日子上，这类女性的能干就发挥作用了，家里没有会过日子的她还真不行。

注重实际也许与此类女性的出身有关，她们往往出生于平民之家，从小就有分担家务的习惯。她们生活能力强，操持家务、伺候男人和照顾孩子，样样都能做得井井有条。如果你是一个注重生活的人，那么这类女性再适合不过了。

（2）依赖型

这一类型的女性思想比较保守，喜欢依赖男人，自立能力也较差，自我意识不强，要成就事业很难，需要有另一半的帮助，她们很少有自己闯社会、打天下的追求，她们最大的愿望就是嫁好，终身托付给一个好男人。

这一类型的女性性格柔和，善解人意，非常容易接近，按理说，大多数男人应该喜欢这一类型的古典女性。但事实并非如此，现代人欣赏浪漫的较多，而这类女性比较矜持，不够刺激，往往能伺候生活，不能激发情欲。所以她们适合忘我工作和追求事业的男性，这类男性不重视儿女情长，对女性不关注，没兴趣也没精力研究女人，他们最需要的是宁静和温馨的家，一个让自己感到安静和安全的妻子。

（3）**交际型**

这一类型的女性新潮、时尚，非常爱交际，交际能满足她们的虚荣心和成就感。她们如果是素质高的人，将会很有作为，因为时代给她们提供了施展才华的机会。男人爱上这样有才气的女人，就得摒弃传统家庭观念，不能指望她整天围着你转，为你做这做那。做饭、洗碗、买菜、买米、交房租、交电话费……一切的家务活动最合理的方式是分工协作。

这一类型的女性在生活上不可能全心全意地照顾男人，因为她没有那么大的耐心。但是男人结交这样的情侣，他的情感生活会很丰富，生活会有一种艺术美，有提携人生的感觉。当然，她不适合传统观念重的男人，她实在不是过日子的能手。充满诱惑力的自我成功，使这类女性家庭观念淡薄，不甘心囿于家庭的小圈子里，甚至拒绝生儿育女。

（4）**指挥型**

这一类型的女性往往很难驾驭得了，她对于一般的男性都瞧不上眼。她们脾气较大，喜怒无常，说话口无遮拦，一点儿情面都不留。当然，这是有原因的，她们可能会在某一方面比较出众，或者比较优越，例如，可能是出身高贵，可能是家境富有，可能是容颜姣好，也可能是才华过人。因此，她往往凭借这些资本，自视清高，以自我为中心，指挥别人围着自己转。她不允许任何事情消磨她的意志，更不能容忍身边有比自己强的同性。她就像一只骄傲的孔雀，总是开屏诱人，恨不得所有的男人都只爱她一个人。

这类女性一般男人是很难容忍的。但这也不能说这类女性就不好，她们由于能力过人，自信心强，所以通常性格开朗，有朝气，慷慨大方，待人热情，乐于助人。跟她们相处，能够使人获得能量，增添为人生而拼搏的爆发力。另外，她们独具现代气质，有一种野性的魅力，深得追求刺激、少年意气和性格还没有成熟的男性钟情。

男人若是想娶一个这种类型的女人为妻，那就得学会恰如其分地把握她的情绪。或者是你甘拜下风迁就她，将她如一轮明月捧在手，供奉一生；或者是你投降于她，然后想办法驯服她并改造她。但是采取这一切行动的前提，是你得有令她佩服的资本。否则，你在她面前只是个爱情的“乞丐”，伴随你的将是终身的不幸。

以上四种类型的女人各有各的优点，同时，也有各自的缺点，这些都是从性格角度上来对女人进行分类的。

还有人从行为举止上对女人进行了有趣的分类。笑容是最好的化妆品，也是最佳的探测计！灿烂笑容可以靠后天练就，然而不经意的一笑，往往毫不保留地显现出隐藏的本性。女人在笑的时候，其实是防御最松懈的时刻；真正令人倾心的女人，一笑就足以散发温暖人心的感染力。从嗓门也可以得知女人本性，大嗓门的女人心直口快，藏不住心事，脾气波动也极为震荡。“温柔说重话”才是女人中的极品！极品女人善于耳提面命，知道提醒男人的话要说在耳边，谈情说爱则要当面。

适合做你妻子的是什么样的女人呢？

对于男人而言，选择一个好妻子非常重要。一个好妻子能解除男人的后顾之忧，让男人省下更多的精力去经营事业。看完这节的分类后，赶紧给自己找个适合的女人吧！

慎重对待这几类女人

长不大的女人在生活和情感问题上，往往依赖性强。她们凡事不爱作决定，希望有人替她做主；她们相信一见钟情，对男人既充满向往，又因为挑剔或者害怕迟迟不敢向前；她们爱好浪漫，喜欢幻想，常常被文学和影视作品感动得痛哭流涕，整夜失眠，但在朋友面前，又羞于谈及或承认这一点。

男士，你知道到底哪几类女人需要慎重对待呢?

有人说，适合自己的才是最好的，这句话同样适用于选择伴侣这件事情上。每个男人都有自己喜欢的女人，可是并不是喜欢的女人都适合做妻子。在考虑婚姻问题时，男人有必要考虑一下，看看你喜欢的女人是不是属于下面这几种危险的类型。下面几类女人你要慎重对待：

(1) 情绪化的女人

这类女人十分情绪化，一会儿滔滔不绝，一会儿沉默寡言；一会儿神采飞扬，一会儿黯然神伤。感情非常易变，而且来得骤然激烈，叫人无法捉摸。如果你没有宽容大度的男子汉气概和震慑力量，最好别与这类女人结为夫妻。

(2) 长不大的女人

这类女人一脸孩子气，外表已经成熟，内心却极稚气，天真快活、无忧无虑，不是个管家的材料。男人娶了她，得亲自操持家务，因为这类女人的孩子脾性会一直保持到中年以后。当然，如果你娶妻只是想找个温柔的，这类就可以考虑了。

（3）过分漂亮的女人

一个男人一生辛劳，其目的大概是一为名利，二为美人。一个男人若能娶到美人归，会极度兴奋，认为自己完成了人生的最主要目标。但过分漂亮迷人、到处惹男人行注目礼的女人，可能给你带来两种灾难，分述如下：

首先是消磨自身。妻子太美，男人就容易满足，安于现状，因而不求上进，所以往往一生没有什么成就。弄不好，到最后连妻子都不会留在你的身边，那就完全失败了；其次，男人会对娇妻疼惜有加，百依百顺，丧失了男人气概、丧失了主见，成了任由娇妻摆布的傀儡。更有甚者整天想念着娇妻，恋着娇妻的温柔，很难专心致志地工作，而且还时时存在不安全感，心里总怕娇妻跑了，或别人会来勾引她。整天惶惶不可终日，恨不得每时每刻都陪在娇妻身边，失去了很多本属男人的东西，很多事自然而然地做不成了。有句俗语："子女是自己的好，妻子是人家的好。"如果自己的妻子是个美人，惹同事、邻居及亲友眼红那就是很自然的事情了。人的心理有时很怪，明里说不出口，暗里就会对你加以排斥。如果你没有一定的能力就别再给自己增加障碍了。

（4）超智能型

初交之时，这类女人会令你感到她聪明绝顶，一脑子智能，但深交下去，你会发现智能的外表里裹着的是一颗冰冷的心。知识水平在其下者，她会瞧不起你。这类女人甚至会憎恨异性，有时也视性欲为肮脏不堪之事。这类女人你也要小心，她并不是你最好的妻子。

上面几种类型的女人可以做朋友，如果做妻子你则要好好思量思量，否则最终吃苦的还是你。

聪明的男士们要懂得，只有适合自己的才是最好的。但同时也要清楚自己有好感的那个女人，也许只适合做朋友，而不是妻子。

拜金女真可怕，男人赶紧远离她

如今这个时代，在谈婚论嫁时，女人对男人的要求基本变成了：有车、有房、有固定存款，对于这些不止要求生活保障还要求双方要情投意合的人我们还可以接受，但是对于那些只追求物质上满足的女人，特别是那些极端的拜金女，男士们要千万小心，不仅要小心还要想办法远离她们。

记得在一期相亲节目中，1 号女嘉宾和 3 号男嘉宾这对组合被大家看好，但最后男嘉宾却选择放弃 1 号女嘉宾，理由是“现有条件无法支持女嘉宾理想的家”。据了解，原来女嘉宾在回答男嘉宾提问时，曾说理想中的三口之家月收入希望在两万元以上。在人们为男女嘉宾惋惜时，网上展开了激烈的讨论。“女方是拜金女”、“看样子月收入也不过 5000 元”，一时间，网友纷纷指责起女嘉宾。

该事件迅速升温，并从指责转向“人肉搜索”。“该女生和我是初中同学，在某某中学读书，某某大学毕业。”一名网友说。另一名网友更是将女嘉宾谈过几个男朋友、目前所在的公司公布于众。也有不少网友表示，“这样做（指‘人肉搜索’）太过分了”、“女嘉宾要坚强些”、“谁能完全不考虑经济实力的？大多数人心里都有算盘，男女都一样。”

谁也不能否定金钱的重要，但是对待拜金女时，一定要远离她们。

金钱对于人的意义是什么？如果拿这个问题去问 100 个人，大概会得到 101 种答案：别墅、名车；欧洲旅游、孩子留学费用；权力、自由或者安全感，甚至对某些人而言，金钱可能就是他们快乐的源泉。

女人对于金钱的态度，其实与自己本身赚多赚少关系不大，起决定性影响的应该是她的个性和家庭背景等因素。在现实生活中，有很多导致家庭不和的因素，而金钱往往充当了夫妻冲突的主要导火索。

心理学家分析，金钱对每个人的意义是不同的，不同的女人对金钱的态度也不同，这与她花钱的方式无关，而是跟其对金钱的意义理解有关。例如：喜欢乱花钱的女人喜欢随心所欲地花钱，只要是喜欢的东西就要往家里搬；理智的女人可能会把钱用来投资，只留部分的钱用来消费……

所以，为了以后家庭的稳定，选择伴侣时一定要找有理性思维，明白金钱对自己而言到底意味着什么的女人，当然这里说的理性是一种相对的概念，毕竟大多数女人都是感性的，她们需要漂亮的衣服，华丽的首饰来装饰自己，这并不是不可原谅的事。但是对于那些拜金的女人，一定不要去招惹。

一般来说，拜金的女性对拥有金钱的动机包括以下几点：

（1）及时行乐：对这种女人而言，人生永远充满未知，每一天的享受是最重要的，她的月薪绝不会留在户头里生利息，而一定会败在美丽的鞋、美丽的衣服以及吸引她的一切美丽的物质上。

（2）建立安全感：她可能经历过很穷苦的日子，也可能是看透世态炎凉，认为没钱是万万不能的，孜孜以求地寻找最佳生财之道，即使不虞匮乏，还是会哭穷。

（3）掌握权力：对这种女人来说，金钱就代表着“我可以作决定”，经济不能独立就必须受制于人，有钱才能巩固自尊，把自己的需求摆在第一位，最终的目标还是与第一条并轨。

（4）增进关系：对这类女人而言，钱不过就是沟通的工具，驾驭得当，就可以使生活更美好。而这类女人如果中了大奖，很可能买礼物分送，并举办盛宴广邀亲友来庆贺。

有着正确金钱观的女人是善于调整金钱与爱情的混乱关系的。也是男人们最理想的伴侣。我想男人们都不愿意自己的婚后生活中出现以下的这种情况：作为丈夫的你一肚子的苦水：“我们每天在一起的时候，难道你除了跟我说钱，就没有别的话题可以说了吗？”而你的妻子妥协地说：“那好吧，我们就来说说洋房、宝马和钻戒……好不好？”我想真要发生了这一幕你肯定会被呛得窒息！

与没有面包的爱情的黯淡无光相比，没有爱情的面包虽有焰火的绚烂，但是短暂的美丽过后将是无尽的黑暗。因此，男士们在追爱的过程中，一定要远离拜金女，不要为了一时的痛快而陷入痛苦的旋涡里。

与没有面包的爱情的黯淡无光相比，没有爱情的面包虽有焰火的绚烂，但是短暂的美丽过后将是无尽的黑暗。因此，男士们在追爱的过程中，一定要远离拜金女，不要为了一时的痛快而陷入痛苦的旋涡里。

直言拒绝“公主病”女生

男士们，如果遇到“公主病”女生怎么办？请直言拒绝。

女人的温柔贤惠自古就是男人们所追求的，但是对于歪曲古典标准的畸形温柔贤惠的“公主病”女生，男士们还是直言拒绝吧。

随着国家计生政策的大力推行和普及，独生子女的家庭越来越多。因为只有一个孩子，家长对孩子都是百般溺爱，真可谓是“集万千宠爱于一身”。可以毫不夸张地说，在这种家庭环境下长大的女孩儿，都患有不同程度的“公主病”。

她们在家里“衣来伸手、饭来张口”，就连力所能及的事情也被殷勤的父母代劳了。这些女孩儿上大学的时候，自己的衣服还是老妈每月过来一次帮忙洗的，对寝室里的公共卫生更是熟视无睹。这样的女孩儿自然得不到同伴的喜爱，她们还会振振有词地说：“同性相斥、异性相吸，是物理学的基本原理，是经过科学证明的。我就是喜欢与异性接触，异性会包容我、迁就我，不像同性，动不动就生气，事事都要跟我比输赢。”最后，这种有“公主病”的女孩儿还会说：“大家都是女人，女人何必为难女人呢？为什么她们就不能像男的那样迁就我、关心我呢？”

其实，从最后一句话，聪明的男士们就已经能深深感悟到她们不讨人喜欢的原因了。人际交往的本质是互帮互助，“你敬我一尺，我敬你一丈。”一个以自我为中心的女孩儿，一个只想着让别人对自己好的女孩儿，是不可能讨得他人的喜欢的。一个人的包容心再大，也终有用完的那一天。

男士应该娶公主，但绝对不是娶有“公主病”的女孩儿。因为虽然这样的年轻女孩儿容貌俏丽，又有大美女林志玲那样的娃娃声，是大家公认的追求对象。但是正在努力追爱的男士们要知道，再美丽的女孩儿也有老去的一天，也有要面对生活的一天，走到一起的你们终究要面对现实的生活。到了那时，你面临着生活和工作的重压，而你的妻子又是一个一无所长、人缘也不好的“公主”，你又怎么可能获得幸福美满的人生呢？

所以，对那些有“公主病”的女孩儿仍抱有幻想的男人们还是醒醒吧！因为你需要的不是一个一直需要你照顾和需要你迁就的“小女孩儿”，而是一个能陪你一同奋斗，给你温暖的生活伴侣。

伊燕在男友所在的城市找了份工作，终于结束了两年的异地相思，他们两人可以幸福地过二人世界了。但是二人世界过了一年，男友就不堪重负，提出了分手。

原来，男友没有想到女友那么不懂事，是完全的生活白痴。男友不仅要下厨做饭，还要包揽家里的一切家务，伊燕对这些都袖手旁观，好像男友就是自己的仆人和奴隶。伊燕下班回到家，第一件事就是打开电脑，开始玩游戏，直到男友喊了半天开饭了，她才恋恋不舍地离开电脑，去吃饭。

如果男友出差超过一周，等他回来的时候，家里已经变成杂货摊了。不仅衣服和鞋子乱扔，袜子满地，抽屉也是张着大嘴，迎接着男主人。不用说，伊燕又是在外面解决吃饭问题的。最要命的是，伊燕特别爱刷卡，觉得反正刷爆了，还有男友还。

男友耐心地说她几句，她就会哭泣，把男友折腾到夜里11点以后才能睡觉是常有的事，害得左邻右舍也要跟着遭殃。公用的东西，比如洗衣机、冰箱、淋浴器，伊燕都要霸占。邻居好声好气与她交涉多次，都不见效，只好与她男友说。男友说她几次，伊燕就哭几次、闹几次。在伊燕眼里，男友就是自己的私有物品，只要爱自己，就应该为自己做所有的事，以自己的喜怒哀乐为人生己任。如果有邻居“欺负”自己，男友就应该挺身而出，而不是“教训”自己。带着这样的思想发展下去，伊燕几乎每天晚上都会无理取闹到11点后，男友终于崩溃了。

男友向伊燕大学时期的同寝室女友诉苦，才发现自己苦苦追求了四年的漂亮女友竟然是这样的人。原来，伊燕在大学寝室的时候就比较懒惰，自己的垃圾都不愿意清理，自己的床单和被罩都是老妈每月来给洗的，平时动不动就与同寝室人吵架，基本上就被同寝室人孤立了。男友这才发现自己只是被女友的美貌所吸引，没有调查清楚女友的为人与生活习性。他认为，一个女孩儿，如果不能与同寝室人、邻居和睦相处，那怎么可能与同事相处得好呢？那工作又能干得多好呢？一个女孩儿，不会自己做饭、整理家务，那以后有了孩子怎么办？孩子总应该能吃上母亲做的饭吧？如果自己再出差，那家里会乱成什么样呢？一想到自己工作这么辛苦，女友也不体谅，还刷爆卡，他就气不打一处来。考虑再三后，他便向伊燕提出了分手。

伊燕的行为就是典型的“公主病”症状。这些具有诸如伊燕以上行为的年轻女孩儿，多是自小在家人的呵护下长大的，依赖的心态已成病态，公主行为受骄纵，这样的女孩儿在社交中当然不受人待见了。如果每个女孩儿都有“公主病”，都想全世界围着她一个人转，那这个世界还转得过来吗？

有“公主病”的女孩儿，都是自恋的！她们会理所当然地认为人们都应该围着她转，为她做这做那。因此，作为一个渴望幸福美满婚姻的人，一定要在第一时间对身边的那个“公主病”女孩儿 say no 。

男士们要知道，你们需要的那个女孩儿，应该是自己内心的公主，是被人认可的公主，而不是以自我为中心的得了“公主病”的公主。

男士们要知道，你们需要的那个女孩儿，应该是自己内心的公主，是被人认可的公主，而不是以自我为中心的得了“公主病”的公主。

支配欲强的女人，可娶吗

婚姻的基础在于互相平等和相互尊重，一方总是凌驾于对方之上，可能会导致婚姻关系的解体。试想想：谁会一辈子生活在感情的篱笆下呢？支配欲强的女人，可娶吗？

爱是相互的，如果女人的支配欲过强，可能就会伤害彼此的感情。男士们，如果你遇到这样强势的女人，请慎重考虑啊！

在生活中，我们时常能看见这样一种女人，哪怕是在跳舞的时候，男人暗示她往这边转，她偏偏往那边转，不但如此，她还喜欢带着男人一同往那边转，由着自己的性子，强制性地将男人扭来扭去，叫男人心里有种说不出的别扭。十个男人跟她跳舞，十个男人都会觉得累。这种女人就是我们常说的支配欲十分强烈的女人。作为追爱的男士们，在遇到这样的女人时，一定要慎重对待。

这样的女人，对丈夫，她可以处处呵斥，自不用说，对于孩子也是一样，只许她溺爱，不许别人溺爱，她的溺爱往往一阵风一阵雨，动不动那溺爱也就变成了简单粗鲁的训斥了。如若这种女人偏巧还在外面挣着一份工资，偏巧她的工资还比丈夫的多点儿，那就惨了，丈夫在方方面面都要被她压制，她的支配欲就事事处处表现得淋漓尽致。

她晚回家多久都成，男人可就不行了，男人必须乖乖地按时回家，不然就对他不客气。她可以在家里招待她的任何朋友，只要是她的朋友来了，丈夫得热情地招呼，他就是心里不大愿意，也得硬着头皮陪着她的客人坐着。如若要让她的朋友看出一丝怠慢的意思来，等客人走了以后，就有男人好瞧的！可换个位置，若是男人的朋友来家里了，她甚至连声招呼都不打，电视还照看，音乐还照听，一杯水也不给人倒。这并不是她无意的疏忽，而是专门的怠慢，专门要给他的客人一个冷板凳坐、一张冷面孔看。这样的女人，说话往往都是以命令式语气开头，以命令式语气结尾，在任何时候都要表现她的强烈的占有欲和支配欲。

有的女人在同性面前还倒表现得温柔可人，温良贤淑，宽容大度，但不知道为什么，一到她自己谈起恋爱来，就活脱脱变成另外一人儿了。对于她新交的男朋友，她总喜欢故意地摆出一副清高，甚至于带点儿傲慢的神情和姿态来。她们心里想：你不是要追我吗？那好，你就来追吧，我表现得越高傲，你不就追得越狂了吗？你心里越是觉得我高不可攀，那我不就好制服你了吗？我说东你还敢往西去不成？

在这样的环境下，作为男人的你怎么可能感觉不到累呢？遇上这样的女人，没有一个男人是不默默地叫苦连天的。

作为男人的你工作紧张，事业不易，还得时时担负沉重的家庭责任，每个生活中的细节都要留意，每天都处于一种焦虑的状态，身后总像被一只凶猛的动物紧紧追着似的，让你无法喘息。这时，家庭一个本来应当是你心灵的港湾，让你能够好好休息的地方，就因为有一个支配欲强烈的女人，反而成为了让你更加无法喘息的地方，哪里还有什么幸福可言呢？

所以即使你和这样一个女人千辛万苦地走到了一起，到头来的结局也是可以预料到的……

作为追爱的男士们，在遇到支配欲十分强烈的女人时，一定要慎重地对待。因为和这样一个女人交往下去，也许并不能得到你梦想中的幸福。

有共性，爱情才长久

两个人相爱时爱对方的什么？是哪一点如此吸引对方呢？

很多男女在确定了恋爱关系后，突然变得陌生了，就像那个自己喜欢的人突然之间改变了性格，他不再是你熟悉的人，相反，你们在一起也开始变得尴尬。

做什么事能让女朋友更加爱你呢？其实作为一个男人，你有很多事情需要知道，理解她、包容她能让她理解自己吗？相信这样的问题，很多男人都在心里反复思量过很多遍了。他们担心失去自己现在所拥有的爱情，担心自己的希望无法实现，担心自己的付出都付之东流。因此，他们开始变得忧心忡忡，对于她，他也开始变得小心翼翼，可是却不见情况有转机，他们的感情开始受到冲击，然后，出现分歧，不久便不了了之。

对于男士而言，他们希望感情中另一方和自己是一样的，她们和自己有一样的思想，会彼此欣赏，并且自己喜欢的，恰巧她也一样喜欢，这就是爱情。

爱她就要尊重她，这个道理是没错的。再生气也不可以出口伤人，言语的伤口有时一生都在流血。身体的伤害很容易治愈，精神的伤害后果是可怕的。而她对你的爱，用心体会就能品味出来了。爱需要行动，不是说出来的。老挂在嘴边不切实际的爱太过苍白，爱情是现实的，生活是现实的，而只有风花雪月的爱，不是真正的爱。

夫妻之间共同的兴趣和爱好，是需要培养的，夫妻之间若能注意培养共同的兴趣爱好，感情会更加融洽，家庭会更加和谐。培养共同的兴趣爱好应注意以下几点。

互相尊重很重要：对对方与工作相关的专业兴趣和有关求证、实用、艺术及娱乐的业余兴趣应当表示理解和支持，不能讨厌甚至埋怨对方正当的兴趣。

互相诱导也重要：夫妻之间要有意识地将自己的兴趣渗透给对方，使对方也逐渐产生共同的兴趣，但切忌操之过急。

互相学习更重要：对对方正当而有益的兴趣应主动了解学习，以增强自己的兴趣，增加夫妻的共同语言，擅长的一方也应耐心传授，同时多承担一些家务，腾出时间让对方学习。人们常说两个人在一起相处要多磨合，所谓磨合无非就是一种包容，只要两个人都有一起走下去的决心，就没有过不去的坎儿。

男女在初次相识的一瞬间，彼此间如果能够很快产生好感，使原本毫无交集的两个人，在长期相处的过程中，互相理解，互相体谅，爱好完全可以逐渐培养，乃至逐渐适应对方的缺点。现实主义者可能会说，爱情不能当饭吃，没有共同爱好的爱情，无法长期维系。但也有一些夫妻或情侣，一个风风火火，活泼开朗，另一个老实稳重，遇事不温不火，可他们两个人却彼此欣赏，互相取长补短，感情似乎更加牢靠。

恋人之间相似的地方多一些，比如志向、兴趣和共同话题等，肯定可以营造出一种比较好的交流氛围和生活环境，在今后的长期相处中，能够共同分享快乐，产生强烈的共鸣，不致发生太激烈的冲突。但从另一个角度来说，接纳和宽容似乎更加重要，如果爱好和性格过于相似的恋人，脾气都非常火爆，经常吵架，或都贪玩不管孩子，这种没有宽容之心作铺垫的爱好，以后便会成为夫妻关系破裂的导火索。

爱情的最终方向是两个人永久地相守，如果两个人爱好上的分歧很大，最终是没有办法生活一辈子的。所以，婚前恋爱到婚后生活，彼此都要学会怎样去沟通和培养共同爱好。

把她看作情人，而不只是老婆

有品位的女人才是最有魅力的女人，而女人的品位在很大程度上需要男人的滋养和呵护。这就要求男人不能将女人简单地看成老婆，还要将其看作情人，来“哄”，来宠。

一个男人讲述了他父母的故事。

母亲不算漂亮，但却是个有品位的女人。母亲穿衣很讲究面料，她喜欢穿旗袍，衣服总是熨得平平整整。母亲在洗了衣服之后，父亲总是会和母亲一起收拾和熨衣。在母亲熨旗袍的时候，父亲最喜欢在旁边观看。母亲仔仔细细地熨着旗袍，然后在身上比画一下，抚摸一下，或者贴在脸上感受一下，然后将香囊叠在里面，平整地放进柜子里。父亲说每当他看到这一幕时，总是很享受那种气氛和情调，他说女人的美就在这些细枝末节上。由于有父亲在一旁陪着，母亲做这一切时，总觉得是在做隆重的事。

母亲的衣料都是上乘的，她不能容忍劣质的面料沾身，而父亲终其一生都在呵护母亲的这种品位。即便是在家庭最贫困的日子里，一旦有机会，父亲就会托远方的朋友带回一些上好的衣料，然后由母亲亲自裁剪做成长裙。长裙做好之后，母亲会第一时间穿上它，展示给父亲看，那些漂亮的长裙就像一朵朵花似的暗香浮动，父母都感觉这样的时刻是在过一个节日，只属于他们两个人的节日。母亲还会用巧手把裁下的衣料为女儿改做成漂亮衣服，在校园里没有人能穿上那么精致的衣服，这让女儿充满骄傲和自豪。

母亲喜欢吃甜点。每隔几天，父亲都会穿过大街小巷去买各种各样的甜点，高高兴兴地带回家，和母亲一起坐在夕阳映照的阳台上，喝茶、吃点心。

母亲吃饭喜欢细嚼慢咽，所以吃饭要很长时间，父亲也就慢慢地吃，两个人边吃边聊，有时候还来点儿小酒，直到母亲吃完。母亲喜欢煲汤，喜欢喝清淡的汤，她认为这样才不会给胃造成负担，她的原则是既要省力又要美味，还要健康。她喜欢煲一个清淡养生的汤，再做点儿豆腐之类的小菜，既没沾什么油烟，又五味俱全。父亲去外地讲学，别人都一窝蜂似地去游览景点，他却去了当地有名的土罐市场，一下子买了好几个形态各异、憨态可掬的煲汤罐，把母亲乐得几天合不拢嘴。父亲常夸母亲是聪明至极的女人，她的好性情让她受得起父亲的宠爱。母亲是个越宠越开花的女人，女人味一点点释放出来，整个家都有了温柔如水的背景，让父亲一生都活得舒心畅快。

父亲用他的呵护，成全了一个女人一生的品位。母亲直到50岁，皮肤仍然很好。她一辈子没有用过化妆品，只是坚持喝茶以及日复一日地和父亲一起散步。母亲的头发也很好，她喜欢清晨时坐在阳台上慢慢地梳头，父亲请人用老玉打制了一把玉梳，让母亲明目护发。母亲的头发总是梳得一丝不苟，眼神清亮，唇齿留香，她用自己的美好回报了父亲。

这个故事让人心动，一个女人，若一生能遇到一个这样懂得呵护自己品位的男人，妻复何求？

一个身着布衣的女子也可以穿出高贵典雅的风韵，一个吃着粗茶淡饭的女子也可以食出不同的情调，一个家住土楼的女子也可以活出不同的精彩人生……这就是品位，有品位的女人不见花开，只闻暗香浮动。

品位，一个奇妙而又美丽的字眼，没有什么字眼比它更时尚，更有吸引力。一个有品位的女人，即使没有花容月貌，在茫茫人海里也能被人一眼发现，因为她身上焕发着夺目的光彩，焕发着吸引人的魅力。

有品位的女人一言一语、一颦一笑、一投足一举手都那么含蓄、深沉、温柔、善良，给人一种亲切、温暖、和润、怡人的愉悦和享受。

要想呵护女人的品位，男人自己首先要有品位，很难想象镇关西郑屠户怎么去呵护李师师的品位，李师师的品位也只有连踢人都能踢得那么帅的燕青来呵护了。

男人的品位显示了男人的魅力、男人的风采，它能逼退一切的高山，能吞没一切的骇浪。有品位的男人散发着浓浓的男人味，折射着男人的本色和光芒。他们用阅历磨炼自己，用知识丰富自己，从困难中寻求成功，从工作中寻求责任，从学习中充实自己，从坚定中走向成熟。

有品位的男人，犹如一杯浓茶，飘着怡人的茶香。轻呷一口，顿觉满口的香味，弥散于女人全身的每一处神经，令人感觉无比的惬意和舒畅。

有品位的男人，犹如一首平凡而悠扬的歌，优美的旋律飘荡，浸润了女人生命的每一个季节。

像品茶一样品味女人的品位。

像呵护手中的小鸟一样呵护女人的品位。

有品位的男人散发着浓浓的男人味，折射着男人的本色和光芒。他们用阅历磨炼自己，用知识丰富自己，从困难中寻求成功，从工作中寻求责任，从学习中充实自己，从坚定中走向成熟。各位男士们，一定要做个有品位的男人哦！

女人，会被宠坏吗

相隔千里的两座城市里的一对男女，为了爱情，女人放弃了工作来到男人的城市，组成家庭。婚后的生活没有想象中那么美好，女人水土不服喜怒无常，丈夫小心翼翼不胜其烦。

女人的神经质不是被男人宠出来的，而是男人还不够宠，女人只有确信了男人对她的爱，她才会停止疑神疑鬼。我们来看看下面这位男人的故事：

我是一个不快乐的老公。写下这句话时，突然发现，我用的竟是这种我讨厌之极的句式——老婆丁丁的常用句式。她经常说，这两天我不太开心，或是，我的心情就这么难以理解吗。在她身边待久了，我已经不知不觉地中了毒，也用起了这种绕口而矫情的句子。

我的老婆丁丁是个写手，所谓写手，在我的理解就是以文字为生，但不是作家的那类人。之前，她是个编辑，因为跟我分隔两地，她最终放弃了工作来到我这，以她的话来说，就这样当了全职太太和以文字谋生的女子，当然，如果我较真儿的话，会指出她离用文字谋生还差一大截儿，她的稿费还不够她买化妆品的。

四年前，我出差到西安，顺便看看在那里的大学同学。吃饭时，同学的女友带了一个女孩儿出席，就是丁丁了。她长得不算很漂亮，但说话很有意思。朋友介绍她是某杂志社的编辑，自己也写过很多文章，正好其中一篇我看过——对于我这样一个理工出身的人，对文学的了解不多，居然能看到一篇她写过的文章，不由对她很敬佩，还隐隐觉得与她有某种缘分。她对我的印象也不错，一顿饭后，我们互相留了电话和QQ。之后三天的西安行，她一直给我做导游，在那样一个有着深厚历史的城市里，尤其是站在高高的古城墙上时，我对丁丁涌起一种从没有过的感情。

真心爱一个人是不在乎距离的。虽然两地相隔好几千公里，但我们的感情却越来越深。她是大连人，独自在西安。我是公务员，放弃工作去西安有点儿可惜了，所以最终是丁丁做出了牺牲，两年前辞职来到我这里。

开始她也在杂志社找到了工作，可是不太能适应环境，看到她郁闷得独自垂泪，我很心疼，就让她辞职了，她就这样开始了“专业创作之路”。

因为内心总觉得她为我放弃得太多了，所以很怕委屈她，也怕委屈她的天分（如果真的有的话）。她不喜欢做家务，不喜欢下厨房，这些我都由她。平时我下班回家，就从单位食堂带菜回去，周末就由我来下厨；她写东西时把自己关在房里，不准我打扰，写完了就逼我看，唉，那些小情小绪的东西，绕来绕去，我也看不出好坏来，但我当然会说好听的话。文章如果发表了，就是编辑慧眼识珠；如果没有发表，她就会一家一家地试，越试到后来，她的脸色就越差，脾气就越坏，我劝她，她烦，我不劝她，她更烦。有一次，她的文章试了四家杂志都被退稿了，我真是心提到嗓子眼，走路都蹑手蹑脚，可她还是在吃饭时嫌我带回家的菜难吃，把筷子摔了，然后借题发挥，坐在那里大哭了一场。

性格古怪，喜怒无常就算了，我最头痛的就是她动不动就问我爱不爱她。这个问题是好回答，可是随后还有一堆问题在等着。有多爱？跟以前相比呢？你现在为什么爱我……如果其中某个问题我的答案不够标准，就更会遭遇她的步步紧逼。

结婚两年来，我不敢参加单位组织的出游活动，因为把她一个人留在家里就是不爱她；当然，不能带她出席的朋友聚会也是不能去的。我得陪她看我讨厌极了的没完没了的韩剧，她说她要从中找素材，我看了才能跟她讨论——不过经常的结果是我看完了也分不清谁是谁，让她更生气。圣诞节、情人节、三八妇女节、她的生日，还有我们认识的那一天都是她日历里的法定纪念日，这些日子我倒不会忘记，因为已经在手机上作了备忘，但是如果我没有在这一天送礼物，或是礼物送得不如她的意，被她认为是缺乏诚意的话，她又会生闷气，好几天不理我。当然，我也渐渐琢磨出了规律，这些节日的前几天，她都会有意无意地提起某种东西，这就是她对礼物的暗示了，可是到底会提前几天却没有谱，我没有办法作备忘，所以还是经常没注意到。

我不太能理解她，一个男人，不让妻子下厨、做家务，把全部的工资都交给她，打不还手，骂不还口……这些难道不是爱吗？非要每天想出十几种表达爱的词语才叫爱吗？我把苦恼对朋友说，他们都觉得因为我太宠她了，才会让她喜欢无事生非。难道女人真是不能太宠着吗？

女人会被宠坏吗？当一个男人和一个女人处于热恋之时，他愿意为她做任何事，她的刁蛮任性他都甘之如饴；当热度减退之后，她要求他继续做那些事时，他会觉得麻烦，然后想，我是不是把她宠坏了。其实，女人没有变，变的是男人的心态。

女人天生感性、敏感，在情感生活中更容易浮想联翩，她们会把男人所说的话和所做的事统统联想到感情方面，展开无尽遐想，甚至到不可思议的地步。其实，她们只是希望，男人无论在想什么做什么，心里都要装着她，但是在男人眼里，会觉得女人神经兮兮的。

女人的神经兮兮，最主要的原因是在感情中缺乏安全感。当男人心甘情愿地宠爱她的时候，她会感到幸福和安全，但当男人开始嫌她是个麻烦的时候，虽然男人在言行上还是会一如既往地迁就女人，但是却做得很勉强。不要以为女人不知道，女人是最敏感的，你心里的变化，她会比你更早觉察。试想此时女人心中会多么恐慌。她对这个男人对这份感情没有把握了，所以她会追问，你爱不爱我，跟以前相比有多爱？男人不在身边，她会紧张，会多疑；她会更加在意男人的表现，是不是记住了他们之间的所有纪念日。

不要抱怨女人被宠坏，女人和男人不同。男人是看重身体的动物，身体接触是实实在在的，有就是有，没有就是没有，但女人喜欢的是精神的满足和占有，精神是虚幻的，有没有，完全凭感觉。当你宠她的时候，她的感觉是满满的，当你不宠她时，她的感觉就落空了，她就会以各种方式去找回那种被爱的感觉，唠唠叨叨，哭哭啼啼，让男人不胜其烦。特别是一个具有艺术特质的女人，她对于自己和生活会更加挑剔、更加苛刻，那么她的惶恐和猜疑也会加倍地表现出来。离开自己熟悉的生活环境和工作岗位来到一个全然陌生的城市，她的水土不服和孤独无助，更加重了她对丈夫的依赖，唯有确信丈夫是爱她的，她才能相信自己的人生选择是正确的、值得的。

如果你了解了女人多愁善感的由来，而且你还爱她，就要试着去接受她的神经质。对她温柔一点，多抽些时间陪她，陪她适应新城市的新生活，最重要的是，让她能感受到你对她的爱。

如果想让她不那么神经质一些，最好的办法是把你自己也变得“神经质”一点，也就是说多一点细心，多一点耐心，再多一点爱心。去靠近她的思想，多了解她一分，就能多理解一分。在得到一个女人之后，不要停止宠爱她。女人是宠不坏的，只要你是发自内心地对她好，她一定会感受强烈，而且也只有这样才能让她安下心来，不再神经兮兮！

各位追爱的男士们，学会试着去接受她的神经质。对她温柔一点，多抽些时间陪她，陪她适应新城市的新生活，最重要的是，让她能感受到你对她的爱。这样，你们的爱情才会开花结果。

备忘录：恋爱中的男人该这样做

说到打动女人，男人喜欢炫耀自己的财富、身价和地位，其实在男女追逐的游戏中，这些都不过是些外在的装饰而已。如果没有精确的操纵法门，男人可能连起点都找不到。情场从来不讲情面，经验的传授也不是爱情的动力，但是，记住以下五大法门就能让女人爱上你。

（1）勤快，做事及时到位

男人也许不明白，在女人眼中，男人的好坏多半要依据他们的具体行动来评判。这也是为什么男人在对女人说“我爱你”时女人表现得那么平静，甚至反问“真的吗？”、“爱有多深”的缘故，就好像你只告诉一个人他中了六合彩却迟迟没有把中奖通知书交到他的手里一样，他就永远不会觉得自己是个百万富翁。事实上，女人在反问“真的吗？”或“爱有多深”时并不是真的要求男人给出什么完美的答案。她不过是在表达自己对这份感情的疑惑，希望以此来确定爱情的真假罢了。假如男人在准备说出这三个字之前，能够及时到位地做一些实事，没有哪个女人会坚持着不倒在男人的怀里。有时甚至不需要说出来，爱情也会迎面扑来。

日本作家盐田丸男有本书叫《女人能懂吗？》，书中有一位一直住在情妇家里的男人，每个月回家一两次，每次都会跟太太做爱。而这位太太正因为如此，便相信丈夫对自己的爱情。尽管丈夫的行为完全是种欺骗，但他的太太却始终有一种被爱着的感觉，因为她的丈夫还在具体行动着。可见女人有多么重视男人的行动。

（2）果断，不容分说地决定

女人的优柔寡断是男人经常领教并且倍感头痛的事情。跟女人逛商场时她们会为了一块桌布而不停地挑三拣四，等到好不容易决定买下来了，可刚刚出门就开始后悔。在感情交往中她们也同样顾虑重重，男人希望从她们那里得到一个肯定的答案简直是种奢望。这种情形其实显示了女人的一种心理畏惧感，因为她们害怕做出错误的决定，担心自己无法承担由此产生的不良后果。

所以，当男人需要表达自己的愿望时，应当果断些。例如，找女人去旅行时，与其问她："下次一起旅行好吗?"还不如以断然的口吻告诉她："下次一起旅行吧!"这样，女人答应赴约的可能性将会提高很多。如此果断的决定表面上看来有些粗暴，实际上既体现了男人做事的干脆性格，又帮助女人解决了那些始终悬而未决的问题。

对女人而言，男人若将自己的行为视为理所当然之举，那么即使女人心里仍然有些抗拒感，结果也会很自然地产生"服从他是理所当然"的想法。按照最新版的女性心理报告分析，女人本质上仍然存留着像她们祖母那样的心理依赖，她们可能不再说"都听你的"之类小鸟依人的话，却无法摆脱她们在一些事情上更倾向于让男人决定一切的渴望。

（3）聪明，善于利用爱的小道具

爱情没有捷径，但聪明的男人肯定可以事半功倍。如何让女人爱上自己的问题，实际上就是如何打动女人的问题。而想打动女人这种感性的动物，则必须特别注意细节。天天送花司空见惯，但缺乏创意；买首饰、华服，显得庸俗不堪。只有女人想不到也永远忘不了的细节才能深深地打动她们——需知"爱情是聪明男人的奖品"。

八年来，玛丽一直没有答应男友的求婚，但在她29岁生日的晚宴上，她终于决定嫁给这个男人。因为她收到了一根她与男友相识时她的长发。要知道她已经在六年前就剪成短发了。

吉娜决定同他的男友分手，但当她回到他们过去的小屋收拾东西时，她却忽然改变了主意。她看到小屋的四壁挂满了他们这些年以来的情书，并且用红笔从上而下画了一条醒目的情感路线。中间还不时标出大大的"初吻，四月五日"等字样。

（4）好记性，牢记女人的所有细节

女人通常比较关注生活中的琐事，她们的世界几乎总是由众多的芝麻小事构成，而男人偏偏不太在乎这些东西。以服装为例，女人对自己有几种颜色和款式的衣服一清二楚，男人甚至连自己有几条内裤都无法确定。

如果男人把女人不经意间说出的她的某项嗜好、预定去做的事及过去的经验等偷偷记下来，并在适当的时机提起，女人往往就会受到很大的感动。因为她们认为男人是不可能记住这些琐碎的事情的，所以会将男人的做法自以为是地解释为对自己的关注："他忘记了M的事情，只记得我的事。"有的女人甚至会暗自窃喜："他有多么关心我！"这种感动很容易转化成对男人强烈的信赖和依恋。

王左是大学里一个很不起眼的男孩儿，谁都没想到那一届的校花竟会落在他的手里。因为新生入学的第一天都要例行自我介绍，我们现在都能记起校花说她只有搂着布娃娃才能睡着，当时全班人哈哈大笑，却只有王左一个人想到买个布娃娃给她。

（5）承诺，勇于承担责任

女人理想中的男人首先应当是一个勇于承担责任的人。这包括对爱情的承诺、对家庭的承诺、对未来的承诺，以及几乎所有女人关心的问题，都是男人需要给予承诺的事情。因为在女人看来，承诺象征着男人对她们的重视程度。女人虽然从来不幻想男女平等，但她们绝不放弃她们在男人生活中的重要地位。男人给予她们的承诺，等于认可了她们需要的位置。

承诺也代表着女人希望的一种契约关系的形成。婚姻也好，同居也罢，女人的理想化使她们相信承诺远大于相信法律。承诺还强调了男人所能提供给女人的保护。女人都是容易受惊的动物，她们穷尽一生寻找的爱情在某种程度上不过是一个避风的港湾，一个可以依赖的安全岛。

日本有句俗语：一推二推三再推。女人可不像大排档里的凉菜一样随叫随上，和女人交往的过程中没有足够的耐心和坚持到底的毅力是绝对不行的。她们拒绝男人时的心理其实很简单，或者心里愿意却不愿马上表态，或者心里尚在犹豫不决，或者根本不想答应。后者暂且不去管它，前两者却是十分需要努力的。因为女人在拒绝后，心理会显得很脆弱，这时开始第二番进攻的成功率相当高，第二次不行就来第三次。如此一来，即使女人依然感到迷惑和犹豫，也容易在心理上产生被动的服从倾向，甚至可能因为“你既然都这么说了”而答应你的追求。

法国有个叫皮埃尔的男子，他不过是个面包师傅，但当他去世时竟有一万人参加他的葬礼，而且来宾中的绝大多数与他素不相识。他的爱情故事已经成了当地的一个传奇。因为为了一个 18 岁时爱上的女人，他整整等了 60 年，78 岁时才与心上人结婚。

美国一部卖座影片《我为玛丽狂》，讲述的也是一个有耐心的男人追求心上人的故事。尽管剧中充满了笑料，但表达的意思却是再明白不过了。如果男人看中一个女人就想立即同她上床，那么他得到的不是一只烂茄子，就是一记重重的耳光。

在男女追逐的游戏中，如果没有精确的操纵法门，男人可能连起点都找不到。情场从来不讲情面，经验的传授也不是爱情的动力，文中所提到的可以让女人爱上你的五大法门，你，记住了吗?

第二部分

爱情需要经营，婚姻需要设计

有个家，是每个男人的心愿

人长大以后，完成了学业，就该在工作的同时组建新的家庭，找到与自己志同道合、能够白头偕老的伴侣，这是走进婚姻殿堂的第一步。那么，如何选择另一半，又应该坚持怎样的标准，在什么情况下应该退让等，这里面大有学问。

对男人来说，需要找一位可以相濡以沫的伴侣，过好下半生的日子。成功男人最大的资产是拥有一位好女人，她不仅温柔、体贴，而且善解人意，能够给予男人必要的支持，懂得帮他创造成功的条件。起码，在家庭里，好女人会扮演好妻子、儿媳与母亲的角色，不让男人有后顾之忧。

对每个女人来说，帮助男人建立起良好的人际关系，进而使其获得事业上的成功，是弥足珍贵的。而天下男人对这种女人，是孜孜以求的。

约瑟里夫人在这方面就表现得非常成功。她丈夫是某协会的会长，她在帮助丈夫方面可谓出手不凡，她将自己这方面的才华发挥到了极致，因此，私下里朋友称她为“打岔专家”，因为她有一种直觉，知道应该何时打岔，以及如何打岔，才能到达满意的效果。

不难想象，假如她的丈夫在聚会上话题跑了方向，她就会抓住一个适当的时机说：“哦，亲爱的，为什么不谈谈有关某某议员的事呢?”这样便可以很快地转移不太愉快的话题，让丈夫获得圆通的人际关系。

此外，约瑟里夫人还知道，如何使她的丈夫不至于因为工作应酬的事情而搞得过度劳累。每次她丈夫演讲结束之后，许多人都想和他握手，和他交流，并将她的丈夫围在中间，站在那儿谈上半天，显然，这会让丈夫的身体吃不消。这时候，约瑟里夫人会在适当的时机引开他们，比如告诉他车子正在外面等着，或他们已经赶不上下一个会议了。

男人有一个好伴侣，不但有生之年会得到家庭幸福，还可能在事业上找到一个有力的助手，尤其是当自己面临巨大挑战的时候，另一半会坚定地站在你身后摇旗呐喊，她们是陪伴男人度过坎坷岁月的生死与共之人。

无可否认，年轻时正是人们情感最丰富的时期，这时候找对与你过下半辈子的人，最能在双方心灵深处建立互信关系，并且通过组建家庭形成互相扶助的利益联盟，成功应对来自于社会竞争的各种压力。研究表明，一旦人们经历太多情感关系，并且没有收获成功，内心深处就会对异性失去起码的信任，为以后的男女交往带来隔阂。因此，年轻的时候要抓住机会，找到归宿，不要留下太多遗憾与悔恨。

值得注意的是，男人找到另一半以后，不要奢望对方始终迁就自己，更不能相信婚姻是终生的平安保险单，因为，爱情与婚姻关系都需要养护和滋润，只有投入感情、持续努力，才会在风雨后好好享受风和日丽的好天气。而那种不懂得珍惜另一半，甚至苛责对方的人，只能扮演破坏者的角色，到最后害人又害己。

对于男人而言，不能把一生的幸福寄托在婚前对异性千锤百炼的挑拣中，以为选择就是一切。在各项指标合格的前提下，更重要的是用心关爱对方，掌握男女相处之道，在自己设计的婚姻生活中获得幸福。

这个世界上的女人不计其数，但是真正适合你的却并不是很多，但一旦找到，你的一生幸福便有了最好的保障。

设计婚姻前，做个“坏”男人

幸福是上天赋予每个人的权利，很多人都以为爱情是可遇不可求的事情，请大家放下沉重的包袱，敞开你的心扉。其实幸福可遇亦可求，在某一天你会发现她一直在等着你的出现。

有句俗话说得好：“男人不坏，女人不爱”。“坏”男人往往能够更加轻易地找到自己的所爱，生活也会更加幸福。有些看来张牙舞爪的“坏”男人常常能娶个温柔贤淑的妻子；而有些“好”男人却娶了一个不及格或者平庸的妻子。

王海外表看起来有些坏坏的，是一家建筑公司的工程师，没怎么交过女朋友，尽管身边不乏追求者，可是在对待爱情这件事情上，他有着自己的理解，他经常说：“谈恋爱最终还是要结婚的，与其在那些不靠谱的人身上浪费时间，不如多花点时间找一个适合自己的。”就这样，王海单身了很长时间，终于有一天一个女人走进了他的世界，给了他眼前一亮的感觉，她的名字叫静静。静静大大的眼睛，短短的头发，在大家眼中她是一个既聪明又活泼的女孩儿。

了解了静静的一些情况以后，王海认为，她就是自己一直苦苦寻觅的人，他对自己的朋友说：“我看好她了，绝对不能让她跑了，看着吧，她是我的。我要用我的‘坏’招儿把她弄到手。”看着他势在必得的样子，朋友不禁笑起来：“爱情可是你情我愿的啊，你现在只不过是一厢情愿，你怎么知道人家是怎么想的呢?”“她就是不愿意，我也要让她变成愿意。总之，我看好的人，就一定不能让别人抢走。”

就这样王海为自己制订了一连串的“坏男孩儿”计划，包括怎样和静静搭上话，怎样和她约会，怎样让她接受自己。还好他是一个机智的人，静静始终沿着他画的路线，稳步前进着，经过一段时间的相处，静静被王海折服了，两个人终于走到了一起，相处得既和谐，又融洽。

当然这个“好”可能是懦弱、保守、呆板，不敢追求真爱；而“坏”男人可能是精明、开朗，敢于追求真爱。在我们认为憨厚正直是男人的美德，宽宏大量，类似好好先生的男人定能找到美丽伴侣的时候，现实很多情况却让人大跌眼镜。当今时代，“保守憨厚”好像已不再吃香，“草食男”甚至“恶男”反而可以呼风唤雨，一路鲜花携凯歌。

其实，问题还是在于男人们本身。所谓的那些“好”男人，不会设计自己的爱情，往往更善于或者说是更习惯于等待，而不会或不敢主动出击，向心爱的女孩儿表白，眼睁睁地看着自己的所爱被“坏”男人挑选走。是的，他们的最大区别在于性格，一个被动接受，一个主动追求，而幸福这东西真的不是天水，它其实更应该是泉水，你去挖掘了，你才可能享受到它的甘甜。

追求爱情不必排队，因为这是一个处处充满竞争的时代，如果你太客气，太憨厚，那么对不起，“早起的鸟儿才有虫吃！”幸福的婚姻，关键的两点，就是“追寻”与“选择”，如果没有这两个武器，那么只好听天由命了。

而所谓的“坏”男人，当然不是指作奸犯科，而是那种有独立思考的自主意识、自助精神与爱自己的品质。是的，学会爱自己，才是健康的，也只有这样才有自我，也才抓得住幸福。

学会爱自己，而不要在爱情面前成为一个没有骨气的自虐狂。爱情需要把握，婚姻更要设计。心理学家发现，人可以分很多类，但是有种人，具有独特的“幸福智商”，他们好像近水楼台，总是先得月。而生活里的不少貌似“坏”男人往往拥有这样的“幸福个性”，主动、热情、坚强、敢爱敢恨、反应敏捷及心胸开放，当然还爱自己，甚至有些“自私”。

这个年代，男人“坏”一点没有什么不好，“坏”得神秘，“坏”得高明，才能更好地吸引好女人的目光。总而言之，一切是为了自己今后能够幸福，爱情和婚姻对于一个男人来说是如此重要，不管怎样，遇到了好女人就不要轻易放手，除非你发现她并没有你想的那么优秀。

因此，男士们要时刻牢记一句话，如果自己不跑，就永远飞不起来，更不可能追上自己心爱的天使！八卦命理说：一个人一辈子的桃花运都是有数的，每个人都不同，有多有少。但影响婚姻的桃花运不会超过三次。能抓住一次，你便可以婚姻幸福了。

男性朋友要时刻牢记一句话，如果自己不跑，就永远飞不起来，更不可能追上自己心爱的天使！

学会正确看待婚姻

所有有过恋爱经历的男士们都应该知道，爱除了激情外还应该有些其他的因素。当激情退去后爱情就需要变得理智，变成一种社会责任，一种付出……让爱情升华成亲情，彼此成为亲人，那么两人将白头偕老。“执子之手，与子偕老，”两人不论是精神上还是肉体上都到了合二为一的境界。婚姻不是爱情的坟墓，亲情才是爱情的归宿。

在轰轰烈烈地爱过之后，我们需要另外一种爱情物质“内啡吠（endorphin）”来填补激情。内啡吠的效果非常接近于另外一种毒品——吗啡，是一种镇静剂。可以降低焦虑感，让人体会到一种安逸的、温暖的、亲密的和平静的感觉。

科学家指出，内啡吠所带来的感觉是和苯基乙胺（phenylethylamine）之类的物质完全不同的，后者使我们感受到爱，而前者让我们坠入爱河。虽然这并不能让人激动和兴奋，但这种温馨的感觉一样能使人上瘾。一般来说，当一个婚姻存在的时间越长久，这种状态也就会越牢固。这里面很大的一个原因就在于夫妻双方已经习惯了内啡吠所带来的宁静。看来让爱情历久长新的关键就在于在苯基乙胺之类的激情物质消退之前，分泌出足够多的内啡吠。

很显然，内啡吠的效果与苯基乙胺之类的爱情激素的效果完全不同，或许我们可以称内啡呋为婚姻激素。婚姻激素是在爱情激素水平下降后开始起主导作用的。

就像有些人天生很难被爱情打动一样，有些人就是没有办法得到充足的内啡呋使自己安定下来。他们的爱情生活是由一系列热恋和分手所组成的，周期就是爱情物质的波动周期，一般为六个月至四年。如果他们不幸结婚，那么婚外恋也就成了一种必然。与其说他们有着一种放浪的生活态度不如说这是一种病态的表现，称他们为爱情瘾君子恐怕更加合适。

成功的爱情是男女双方心理上相互呼应，主观上共同努力的结果。这是走进婚姻殿堂的必备条件。这其中主要的心理因素有：

（1）价值观一致

价值观是指一个人对客观事物的是非判断及对其重要性的估计。看一个人的追求往往可以推测出其价值观。人的心理社会因素对爱情有着重要影响，这是人类的爱情与动物性爱的区别所在。尤其是在当前物质诱惑比较多和思想意识形态领域比较复杂的情况下，相同的价值观使男女双方在生活上有共同的理想和追求，对于纷繁的客观事物有大致相同的取舍。

（2）心理相容

心理相容是指不同人格特征的人相互理解包容，配合适宜。心理相容是爱情成功的心理背景。一对情人或一对夫妻心理相容就能体验到欢乐、幸福与美好；心理不相容则感到惆怅、痛苦与失望。青年男女在恋爱阶段，对对方思想感情与心理特点方面的充分了解，是保证婚后爱情心理相容的前提。婚后夫妇在思想感情上的交流与融合是巩固心理相容的基础。青年夫妻绝不能认为结婚了，相互了解与心理协调便结束了。结婚是强化心理相容的重要手段，婚后的心理协调也很重要。

（3）性意向一致

性意向是性爱与非性爱的本质区别。性意向是构成爱情心理结构的主要组成部分。青年男女恋爱的结果是结婚，发生性关系。青年夫妇的性意向的协调水平在一定的程度上，也影响着爱情。青年夫妻性生活的和谐有助于爱情的巩固与发展。青年夫妻性意向的矛盾与冲突造成感情不和甚至破裂的事例也是屡见不鲜的。青年夫妻正确对待与协调性意向是巩固爱情的重要条件。

性意向是构成爱情的一个重要因素，而不是唯一的因素。把性意向看成是爱情，实际上是把爱情与性欲等同起来，这无疑也是错误的。

（4）忠贞

忠贞是爱情成功的基础。青年男女的爱情是一种纯真的爱恋之情。爱情应是挚笃专一、忠贞不贰，绝不可三心二意、脚踏两只船。男女青年的爱情本身包括性爱的成分，性爱具有排他性，这是符合现代人类社会伦理原则的。对爱情的忠贞与把爱人看成私有的附属品是完全不同的事情。对爱情的忠贞是一种美德，是真正的爱情的重要标志，它使男女双方感情互相交融，彼此心心相印。

（5）尊重

尊重也是爱情成功不可缺少的心理因素。一对恋人的互相尊重是恋爱成功的一个重要的心理条件。夫妻彼此尊重是家庭幸福的一个重要的心理条件。爱情是相互爱恋之情，由双方美好的和具有尊重的心理特性牵连着。因此，真正的爱情是相互尊重的。恋人双方或夫妻双方都不会因为双方职位高低和能力大小而影响相互尊重。那种“男尊女卑”、“夫唱妇随”或“妻管严”的思想意识违背了爱情互相尊重的原则，有损真正爱情的巩固与发展。恋人或夫妇间的讽刺挖苦、冷嘲热讽、污辱人格，甚至打骂，将严重地动摇爱情的心理结构。由于缺乏互相尊重而造成爱情破裂的现象是常常发生的。

（6）自尊

在爱情的心理结构中，尊重与自尊是相辅相成，缺一不可的。没有自尊，就不可能引起对方的尊重，没有对对方的尊重也必然影响到自尊。自我正确地评价与体验才能做到自尊，对对方的正确评价与体验才能做到尊重。爱情成为人类最高尚、纯洁的感情，是与自尊和尊重在爱情中很自然地融合为一体有着密切关系的。

我们来看一下步入婚姻需要具备的心理素质有哪些：

（1）责任感

正如日本学者国分康孝所说的那样：“恋爱连孩子都会，结婚则非成人不可。对于幼稚的人来说，结婚是负担。结婚要讲伦理、负责任，要有很强的实际生活能力。”

（2）利他的品质

在婚姻生活中，双方都不能以自我为中心，否则会对婚姻彻底失望。有的夫妻都想争当婚姻戏里的主角，而不肯屈尊当配角，所以，夫妻之间常常有意或无意为了争当主角而吵得天昏地暗，为了那不甘心的角色，弄得同床异梦，两败俱伤，最后不得不遗憾地面对婚姻失败这一无情的现实。其实在婚姻这出戏里，只能有一个主角，或男或女；只能有一个配角，或夫或妻。

（3）**务实的精神**

恋爱的人可以摆脱一切虚荣与世故，可以不顾一切地摆脱现实条件的束缚，洒脱奔放。可婚姻必须面对和接受现实，离开务实的精神就无法应付婚姻生活中实实在在的点点滴滴。

爱情是婚姻的基础，但不是婚姻的全部，除了爱情这个因素，婚姻还有经济的、责任的和义务的很多因素。不要对婚姻中的爱情过于苛刻，要准备迎接挑战。婚姻是天堂还是坟墓，取决于你的经营。如法国一个作家所说："婚姻本身无所谓好坏，成败全在于你自己，只有你自己才能答复你自己的问题。"

幸福婚姻，需要用心经营

有人说："男女从相识到相恋，再从相恋到携手走进围城，建立婚姻关系，就像成立了一家合资的婚姻公司，双方只有精心经营，才能创造出爱情的最佳效益。"

仔细想想，这话说得很有道理。首先合资前，男女双方要对对方的长相、学识及品德等项目进行详尽的考察。恋爱到一定程度后，认为有合资的必要性便提出可行性报告，然后再按照平等自愿、互惠互利、和平共处和长期合作的原则，签订一份共同投资的合同。合同经婚姻登记机关审核后，便颁发婚姻公司的营业执照，这就标志着婚姻（公司）可以正式开业运行了。而在运行的过程中就需要资本投入：合伙人要把真诚、信任、理解和宽容等都要投入到婚姻（公司）中去。投入越多，增值越快，收益越大。如果没有资本投入，那就是名存实亡的"皮包公司"，注定要破产。但是，如果只投入钱物或者是经营不善，婚姻（公司）也会经营不久。当然，合资双方若都用心经营，爱情效益就会倍增。

因此，要想自己的爱情幸福美满，恋人双方就要用心去经营自己的爱情。恋爱的最初是富有激情的，然而时间一长，再有激情的爱情都会变得平淡无奇。于是两个人变得懒惰了，不再多说话了，沟通少了，这样渐渐地会出现危机。其实，用心经营婚姻并不是要我们完全地付出所有，也不是要我们爱得多么轰轰烈烈，而是要我们把爱融入到生活中的每一个细节，因为人的情感复杂而微妙，所以一些细节在恋人情感的交流中起着非常重要的作用。

那么，恋爱双方在经营自己的甜蜜爱情时，都应该注意些什么细节呢？

（1）尊重对方

人都是爱面子的，当着别人的面批评爱人，最容易伤其自尊，影响恋人间的感情。所以，要学会尊重对方，尊重对方的思想和感情，越是人多的时候，越要恭维他，以博得他的欢心。等到情侣俩单独在一起时，你可以再向他提些意见，甚至可以进行严肃的批评，对方不仅会愉快地接受，而且能感受到你煞费苦心中体现出的浓浓爱意，从而以加倍的爱来回报你。

（2）必须的信任

如果你不信任你的女朋友，就好像是在沙上筑塔，别想会建立起亲密无间的恋人关系。缺乏信任是通往亲密之路的最大阻碍，每个人的成长经历都会影响到信任习惯的养成，幸福的爱情是建立在互相信任的基础上的。

（3）适当依赖

如果你在精神和物质上完全依赖别人，让对方扮演供应者的角色，你的自尊便会被人拿走，你会更缺乏安全感，产生寂寞感，恐惧感也会日渐加深。真正的亲密关系是一种微妙的平衡互动关系，对爱人适当依赖会使男人的吸引力更持久。

(4) 创造意外惊喜

在两人甜蜜的热恋生活中，出乎意料地创造一些惊喜，常会起到感情兴奋剂的作用，对于增进恋人间的感情很有好处。如瞒着她为她买一件她很想得到的物品，计划一次旅行。这些都可使她获得意外惊喜，从而在惊喜中迸发出强烈的感情火花。

(5) 不要对爱情期望过高

如果你认为爱情能医治你心灵上的创伤，因此把这一过分的希望强加在你的爱人身上，那你得到的只能是不断地失望以及她对你的反感。这些不切实际的希望所产生的效果总是适得其反的，它们不会使你得到身心上的放松。反而会让爱情因背负了太多的期望而更加艰难。因此，与其给爱情加注过多期望，不如轻轻松松，顺其自然。

(6) 留足爱的时间

现代社会里，竞争激烈，生活节奏日益加快，每个人的学习或者工作都十分繁忙，以致两人经常不能一起吃饭、休息，影响了两人感情的巩固和发展。所以，恋人之间工作再忙，也要挤出时间共同生活，共浴爱河。

有人说，婚姻是爱情的坟墓，不知说这话的人有没有真正用心去经营自己的婚姻。婚姻并不是一个男人和女人因为相爱走到了一起，然后组成了一个家庭，然后过着柴米油盐的日子，而是要男人和女人进一步用心去培植爱情之花的圣地，只有这样我们才能得到自己想要的幸福。所以，一定要清楚，幸福是一辈子的事情，男人的幸福只有靠自己把握，把握幸福是很难的一件事，为了自己的幸福，男人需要努力去设计好自己的婚姻。

用心经营婚姻并不是要我们完全地付出所有，也不是要我们爱得多么轰轰烈烈，而是要我们把爱融入到生活中的每一个细节，因为人的情感复杂而微妙，所以一些细节在恋人情感的交流中起着非常重要的作用。

聪明的男人是婚姻旅程的舵手

婚姻是契约，是形式，是过程，吸引男女走进婚姻殿堂的是其中的内涵。聪明男人是婚姻这段旅程的舵手，他能够轻松地获得女人的芳心，并且让女人死心塌地地跟他走，一直走进婚姻的殿堂，然后幸福地走完一生。

王乐和妻子结婚三年了，从来没有做过一次家务，每次都是吃完饭就抹抹嘴、拍拍屁股走人；家里的大事从来不和妻子商量，都是自己一个人拿主意，独断专行。刚开始时，妻子还忍着他，想着时间长了能好点儿，但是没想到王乐却丝毫没有悔改的迹象。有一天，妻子实在忍不住了，就和他大吵了一架，并扬言要和他离婚，然后毅然决然地回了娘家！最后，经过王乐一番深刻的反省和道歉，妻子才回到了家中。

从那以后，家里的大事小事，王乐再也不敢独自做主了，也开始做家务了，甜蜜的婚姻生活开始一点点步入了正轨。

美国丹佛大学的研究发现：夫妻间共度的快乐时光的多少，将决定婚姻是否幸福。共创欢乐是健康婚姻中的重要因素，因为人只有在轻松愉快的气氛下，才会和另一半越来越亲近。

李涛和艳秋是圈内公认的模范夫妻，结婚至今正好满20年，甜蜜依旧。他们毫不吝惜地公开了其中的秘诀："就是不断地讲话与交换意见。"艳秋说夫妻俩每天都有一个放松时间，所谓放松时间就是各自忙完夜间的活动后就开始聊天，一直谈，谈到半夜两三点。讨论当晚两人共同关心的话题，讨论各自近期在单位的表现，给予建议，然后满意地上床睡觉。

根据临床心理学家的分析，能一直保持浪漫与活力的夫妻，总是愿意花大量的时间用于交谈，交流心里的感受，交流对情爱的看法。

具体到生活中来，"爱的语言"更是丰富多彩，在日常生活中更是随时都可以用到。

（1）说话时保持愉快的语调

不要相互喊叫乱骂，要温柔、善意地说那些有益的字眼。即使很生气，也要心平气和地说话，把问题谈清楚，心结解开，不要一味地抱怨、漫骂。这样骂来骂去，到最后感情会越来越淡，幸福的婚姻也会离你越来越远。

（2）一起做一些新鲜有趣的事情

例如，听一场音乐会；度过一个独特的假期；一起参加个学习班，学一些你们都打算并期盼去学的东西；去一家新餐馆，吃一种从没有尝过的新口味。一起做一些新鲜有趣的事情，你们会更加愉快。

（3）保持健康的饮食习惯

多吃水果、蔬菜，谷物中含高维生素、低脂肪和低热量的食品。多喝水、多休息，让你的食物保持清洁、有营养和比例平衡。

（4）写爱情便签

把这些便签藏在家中的各个角落——衣服口袋里、抽屉里以及一些秘密的地方。要运用你的想象力去制造一些惊喜，时刻给你们的爱情保鲜。

（5）接受对方

确切地说，就是要接受对方的性格、习惯及脾气等，不要试图改变对方的独特之处。如果他想要改变时，允许他改变，这样能促进夫妻间关系的和睦。

爱情和生活一样需要细水长流，有时难免乏味，缺少浪漫激情，可是如果我们换一种心态对待婚姻，换一种心态对待爱人，一切又会是全新的风景。

聪明男人一定要做婚姻这段旅程的舵手，他能够轻松地获得女人的芳心，并且让女人死心塌地地跟他走，一直走进婚姻的殿堂，然后幸福地走完一生。

婚姻无设计，幸福不成活

婚姻是可以设计的，你可以不把婚姻设计好，但是，男人至少要对自己的婚姻设计出大致的框架。正所谓：婚姻无设计，幸福不成活。为什么这么说呢，先给大家讲个故事：

大学时，小强一直暗恋同校的师妹，可是，在一年多的时间里，他都没有鼓起勇气去向师妹表白。然而某一天，这位师妹竟然向他表白了，并说自己从很早就开始喜欢他。小强欣喜而泣，以为自己终于碰见了他灵魂上的终身伴侣。周围人都很羡慕小强，但是，小强的爱情并没有坚持多长时间。

听到他们分手的消息，朋友们一时无法理解。小强幽幽地说："后来才知道啊，小师妹从上大学时就开始了创业，刚毕业就有了一个像样的小公司。前两天，在聊天的时候，我跟她提到，我的一些朋友准备进公司，我俩聊起年薪的话题。她听到我朋友们的年薪后很吃惊，说，拿那么点工资怎么生活？可能是因为她从学生时代开始，就赚了很多钱，所以有点儿瞧不起靠工资生活的公司职员。那一瞬间，我突然觉得，这个人应该不是那种老老实实过日子的人。后来，我观察了她几天，越来越确信自己对她的判断。以后要是有人问我'会跟她结婚吗’，我估计自己肯定会说‘受不了’。所以，我就跟她提出分手了。我不想自己在把女朋友已经看成结婚对象的时候，还要担心自己会不会跟她结婚。”

当时，很多朋友听了都很不理解小强的决定。后来，没过几个月，小强找到了一位他能“受得了”的女人，重新开始了恋爱。两年后，小强跟他“受得了”的女人步入了婚姻的殿堂。

后来小强的一位朋友听到消息，小强曾经暗恋的那位小师妹，因为不恰当地投资而遭遇了事业的“滑铁卢”，心高气傲的她无法接受这样的失败，竟一蹶不振，一年多了还没有重新振作起来。要是小强真的继续跟她交往，肯定在不久后就会发生问题，小强只是预先避开了那些不幸而已。

有过恋爱经历的人都知道，很难像小强一样突然拒绝一个自己喜欢的人，而且理由是那么遥远的、将来的问题。而且小强暗恋的那位师妹，从某种角度来看也是个有能力的人吧。虽然小强不是那种“为结婚拼命”的类型，但是，他还是为婚姻规划出很明确的蓝图。他比谁都清楚自己结婚以后要过何种生活。

过去100年的统计资料显示，所谓专家的预测，有80%都是错的。很难想象，一个男人能把自己的婚姻爱情生活一一设计好并严格按照计划执行下去。但是，男人至少要对自己的婚姻设计出大致的框架。比如“我只想找一个贤惠的顾家女人，不求轰轰烈烈，只求白头偕老”，或者“我将来一定要赚大钱，将来找个漂漂亮亮的女人做我老婆”，再或者“我受不了枯燥无味的日子，我要找的女人不一定要给我稳定，但一定要有趣，让我过得丰富多彩一些”等。

婚姻是可以设计的，你可以不把婚姻设计好，但是，男人至少要对自己的婚姻设计出大致的框架。

迎接婚姻之前要做好改变自己的准备

很多人都说，婚姻是爱情的甜蜜港湾，生活中这个美丽的港湾会为你挡风遮雨。结婚后，男女双方往往需要改掉彼此的缺点，为了幸福，为“一辈子的事”做出改变是非常值得的。

结婚是一辈子的事，你做好心理准备了吗？你深爱的人不可能十全十美，一定会有这样或是那样的毛病，面对这个事实，我们又将采取哪些行动呢？

正在为追爱而准备着的男人们要懂得，婚姻不同于恋爱，两个人生活在一起需要磨合。曾经酷酷的我行我素，在恋爱中叫作不随波逐流，你那酷酷的吸烟的动作，在恋爱中叫作帅气。可是在结婚后这一切都变了，你能适应这种转变吗？

面对恋爱到婚姻的过渡，当你的爱人卸去原来的“伪装”，毫不掩饰地站在你面前，你又该怎样去面对呢？

我们都知道恋爱让人精神焕发，充满激情。不仅告别了单身生活，而且不管走到哪里都知道有那么一个人在惦念着自己，这种奇妙的感觉真是让人无法形容。在恋爱的过程中，我们都有意把自己最美的一面展现给对方，衣服一天一换，玫瑰花、巧克力、小礼物一个都不能少。自己的薪水，分成两半花，苦着自己也要让和恋人在一起的日子更加浪漫潇洒。就这样两个人的世界越来越甜蜜，男人们的誓言，女人们的热吻，还有每一次约会的迫不及待构成了爱情故事里的一段段难以忘怀的记忆。

“亲爱的，嫁给我吧!”追爱的男士们都渴望自己的那位爱人能给予肯定的答复。可在经历钻戒、鲜花及隆重的婚礼，这辈子最美的时刻之后，进入两人生活中，便会很快从恋爱的沉醉中醒来，发现自己已经上了婚姻的贼船，她开始抱怨你抽烟足足能把她呛死，你开始抱怨她化妆的时间可以写一篇论文，她抱怨你就知道工作连自己的生日都忘了，你说她买的衣服足够开一家服装店还不知足。就这样，“公说公有理，婆说婆有理”，自顾自地唠叨慢慢地演变成为无休止地大吵大闹和冷暴力。

这样不和谐的气氛究竟该以怎样的方式收场？想想你们结婚时候的誓言吧：“无论贫穷还是富贵，无论疾病还是健康，或任何其他理由，都爱她，照顾她，尊重她，接纳她，永远对她忠贞不渝直至生命尽头……”既然作为老公的你已经做出给她幸福的决定，准备和眼前的这个女人共度一生，那么改变自己就成了一件势在必行的事情。

“哼，当初怎么觉得她是独一无二的呢？想不到她是这种人，简直让我无法忍受。”刚结婚不久的小王向心理医生埋怨道：“早知道她是这种人，说什么我也不会娶她。以前，她还让我抽烟，可现在一看见我抽烟就皱眉头。以前我在她过生日的时候送给她小礼物，她高兴得又蹦又跳，可是现在就只会埋怨我乱花钱。更过分的是，她连我用什么样的勺子都要管，有这样的吗?”

心理医生耐心地听着，时不时地微笑，时不时地点头，她接着小王的话往下问：“那结婚之前的她是什么样的呢?”“结婚之前，她真的是一个非常好的女孩子，吃饭的时候总是挑我喜欢的点，我写论文的时候会陪我一起熬夜，就连我喜欢抽烟的毛病也能忍受。”“那你娶她的原因是什么?”“我觉得她很体贴，很在意我，我们之间很有默契，可是现在这种默契已经荡然无存了。”

心理医生笑笑说：“看来你的妻子也不是一无是处，你刚才说出了她那么多的优点。其实，在我看来她现在也很在乎你，只不过是换了一种形式罢了。”“为什么这么说呢?”医生不慌不忙地给小王的妻子打了一个电话，问了下面几个问题：“请问女士，你为什么不愿意让您的爱人抽烟呢?”“抽烟多有害健康啊，我希望他能健健康康地和我过一辈子。”“那你为什么连你丈夫用什么样的勺子都要管呢?”“嗨，短勺子导热快，会烫到他手的。”听着妻子的话，小王的心里百味杂陈。

这时候心理医生放下电话，用平和的语调对小王说：“婚姻和恋爱是不同的，如果你想要让你们之间的感情继续下去，就要学着去改变自己。有句话说得好，在这个世界上能改变的就去改变，不能改变的就去接受，只有这样人才能生活得快乐，才能有一个幸福的人生。既然你爱她，选择了她，就应该接受她的另一面，她的任性、她的小脾气。体会彼此婚后的思想，只有多一些沟通，多一些理解，你们才能走得更远。婚姻是一辈子的事情，我们为什么不能为这一辈子的事情做出一些小小的改变呢？更何况，你的妻子是这么地爱你！”

听了心理医生的话，小王心中最初的愤怒变成了满满的温馨。

刚刚步入婚姻殿堂的小夫妻，免不了一段时间的适应过程，两人的成长经历不同，父母的教育方式不同，个人的行为习惯也不一样，再加上工作上的压力，家庭的一些琐事，两个人终究不会再像恋爱时候一样还有一层伪装的面具，由此一来，产生小矛盾也是在所难免的。过分自我的极端解决方法越来越行不通，两个有棱有角的人，要想继续生活下去，就一定要经过一个漫长的磨合期，直到把彼此磨平，磨圆，改变最初的形态，变成彼此包容、协调为止。

男性朋友们要知道，爱情是甜蜜的，而婚姻除了爱以外，更多的是责任，既然选择了和她白头偕老，那就先从改变自己开始吧。试着改变自己的想法，婚姻会给你更加踏实安定的感觉；试着改变自己的一些行为，婚姻能教会你精打细算的真谛；试着改变你每天的心情，你会感受到另一种与她和谐相处的温馨；改变自己，尽可能地扮演好一个好丈夫的角色。婚姻需要两个人经营，它有时需要互相商量，彼此包容，甚至有时候还需要一方先做出妥协。“清官难断家务事”，因此有人说家是有理说不清的地方，但家却可以成为你最温馨的港湾，为了能够让这块属于两个人的小角落更加和谐，更加幸福，做出一些小小的牺牲又有什么不可以呢？

要知道，婚姻是一辈子的事情，它值得你为此做出自己的改变。

婚姻的美满需要两个人的彼此包容，为了能够让这块属于两个人的温馨的港湾更加和谐，更加幸福，做出一些小小的牺牲又有什么不可以呢？要知道，婚姻是一辈子的事情，它值得你为此做出自己的改变。

不要错过幸福站点

每每唱起刘若英的那首《后来》，总不禁让人潸然泪下，歌词中这样写道："后来 我总算学会了如何去爱 可惜你早已远去 消失在人海 后来 终于在眼泪中明白 有些人一旦错过就不在……"

这世界上始终有一个最爱你的人，这个人，错过了，可能就再也找不回来了。男士们，如果爱了，就别轻易放手，错过了就可能是永远。

为了生活，我们常常要从一个环境投入到另一个环境，从一种状态投入到另一种状态。随着心灵的不断向往，我们也不得不告别一些人、一些时光，去追寻所谓的理想。随着时间的变化，我们的思想和行为也在不断地发生着变化。

对于幸福，总觉得那是一件很缥缈的东西，没什么具体的感觉。因此，我们往往也容易和幸福擦肩而过。直到有一天失去一些东西时，才顿时感悟，原来生命中确确实实错过了一些本该享受的幸福。

更多的时候，我们都是在努力地追寻自己的幸福。有人倾其一生的精力去寻找幸福，到头来却是两目苍然，有人直到临终前也没有找到自己想要的那种幸福……但的确有人在时刻享受着幸福。追其根源，只是忙碌的我们忽略了，不懂得把握一直在我们身边的幸福而已，致使与幸福白白错过。

电影《大话西游》中有这样一段经典台词：曾经有一段真挚的感情摆在我面前，我没有珍惜。直到失去后才追悔莫及。假如上天再给我一次机会，我会对那个女孩儿说三个字——“我爱你”。如果上天要给这段姻缘加上一个期限，我希望是一万年……

这句经典的台词曾经风靡一时，现在想想仍觉得意犹未尽。看似普通的一句台词，其中蕴含的道理时刻撞击着我们的心扉。更多的时候，幸福的站点往往就在我们身边。打开窗户，呼吸到的一丝清新的空气，那是幸福；出门前，家人的一句“早去早回，路上当心”，那是幸福；肚子饿时，有一碗热腾腾的面条放在你面前，那是幸福；流汗时，爱人递过来一张纸巾，那是幸福……幸福有时简单得就是一碟花生米，一杯热水，一句话，一个微笑……这些我们一直认为理所当然的东西，这些我们总是熟视无睹的东西，其实都是生命中最真实的幸福！我们总是不断地找寻所谓的幸福，却意识不到真正的幸福早就在我们的身边徘徊，等着我们去拥抱。这些点点滴滴，也构成了我们幸福之路上的站点，让我们对生命充满了感激和热爱。

所以，请认真收集你身边的点点滴滴的幸福，不要随便错过身边的每一个幸福站点。只要我们一点一点将他们收集起来，幸福很快就可以装满我们的生命。相反，如果不懂得珍惜，对身边的幸福熟视无睹，最终只会后悔莫及。

有这样的一个故事：有一位穷人，家里房子很小，而且四世同堂，一起居住十分拥挤，他非常烦恼，就请求上帝帮助他摆脱这种困境，让他拥有幸福。上帝告诉他：你把鸡和鸭也放进屋子里，和你们一起住，一周后来找我。

一周之后，穷人备受鸡鸭的折磨，痛苦不堪，再次请求上帝帮助他。上帝说：你再把牛和羊也关进屋子里，和你们一起住，一周后来找我。

又过了一周，穷人更加痛苦难耐，度日如年，再次恳请上帝帮助他。上帝说：你这次把那些动物都赶出屋子吧，恢复原状，一周后再来找我。

一周后，穷人跪在上帝的脚下，深深的致谢，感谢上帝赐予他的幸福，让他尝到了久违的快乐。

其实，上帝不曾给这个人任何的东西，只是给了他一份失而复得的感觉而已，让他从中体会到了一种拥有的满足，一种对现状的珍惜。正所谓“不识庐山真面目，只缘身在此山中”。上帝做的唯一的一件事，就是帮他跳开来看待自己今天的现状，懂得珍惜现有的幸福。

所以，渴望爱情的男士们，要学会经营自己的爱情，设计自己的婚姻，一定不要好高骛远，要学会珍惜身边的人和事。这山望着那山高，永远感受不到自己其实已在高山之上。

渴望爱情的男士们，请认真收集你身边的点点滴滴的幸福，不要随便错过身边的每一个幸福站点，如果不懂得珍惜，对身边的幸福熟视无睹，最终只会后悔莫及。

再婚不可怕，雄起

如今这个时代，幸福永远是一个不定式。爱情在萌芽的时候，海誓山盟，信誓旦旦，结婚以后未必就能一帆风顺。磨合了一段时间，发现彼此并不适合对方，然后分开了，各奔东西，这样的事情已经屡见不鲜。尽管这是人生的一种不幸，但是你仍然有重新开始的机会，我们没必要因为离过婚就不再相信爱情，更不要认为自己与幸福永远都挨不到边了。告别昨日的伤与痛，你仍然拥有阳光灿烂的明天。这时候，心中有一个声音始终坚定地告诉你："不仅要活好，还要活得幸福快乐。"

经历的多了，就知道什么更应该珍惜，什么更应该放弃，什么更应该坚持，什么更应该争取。历经了风雨，你的脸上依然洋溢着阳光般的微笑，这时你才发现，只要彼此真诚相待，再婚一样可以拥有幸福。

结婚的时候我们庄严宣誓，要一辈子对对方好，我们也坚信自己能够幸福。可老人们也常说："天有不测风云。"真正的婚姻生活里，并不是每个人都幸福。"与其这样互相折磨，不如提早分开"，这是作为新时代的我们在感情失落时经常挂在嘴边的一句话。当我们把结婚证换成了离婚证，两个人的爱情也走到了尽头，不管你觉得余气未消，还是倍感轻松，你已经经历了一段失败的婚姻，要想从这个阴影中走出来，需要你付出更多的努力。未来的路应该怎么走，心中仍然是一片茫然，以后该过什么样的生活，是孤孤单单一个人，还是选择再婚？也许这时候有人会说：“天下没有好女人。”也许你会说：“我已经是结过婚的人了，好男人还会要我吗？”其实这些顾虑都是正常的，失败的婚姻必定会在人们的心底里留下伤口，但是生活仍然在继续，更何况世界还是充满阳光的，我们没有必要永远将自己置身于角落里，只要你拿出对生活的信心，只要你愿意与对方真诚相待，再婚一定可以拥有幸福，它是我们人生的一种弥补，让我们渐渐忘却曾经的伤痛，重新开始珍惜当下的一切。

王双是一个天生好强的男人，2012 年因为老婆在外面有了别的男人，两个人的婚姻关系名存实亡，尽管王双努力地想扭转局面，却始终看不到效果。思前想后王双选择了放弃，两个人就这样办理了离婚手续，王双收起了自己的行李独自回到了家。刚开始的时候，他的心中无比悲伤，回想当年和老婆相识、恋爱的一幕幕，再看看现在自己如此的狼狈，那种内心无比纠结的情绪蔓延到了身体的各个角落。他不敢出门，怕邻居询问他的情况，他不敢相信明天，因为他根本不相信自己的明天还能够幸福，整天借酒浇愁，只会愁更愁。

时间慢慢地过去，王双的情绪逐渐冷静下来了，在经历了一番思想斗争之后，他拨通了自己从小一起长大的好朋友李薇的电话。知道了好朋友在情感上的创伤，李薇也很难过，但是她还是劝慰着王双说：“事情既然已经发生了，再怎么难过也是无济于事，关键是你以后的生活。你刚三十多岁，以后的日子还长着呢，我觉得你应该重新看待未来的生活，找一个好老婆。”王双流着眼泪说：“过去我认为我很坚强，可是现在我每天脑子里都在回放着过去的一幕幕，这个打击对我来说太突然了，我接受不了，我也不敢确定我是否还能接纳别人。”“时间会一天天过去的，你不能总这个样子，这样吧，我帮你留意着，有合适的就给你介绍介绍，人这辈子就是要找个伴儿，有了伴儿你就不会总想着过去了，老钻死胡同肯定是不行的，我一定要帮你找个人把你从死胡同里带出来，那时候你就会觉得未来还是有奔头的。”

就这样，在李薇的撮合下，王双与现在的老婆雪松见面了，刚开始的时候两个人都有点儿不好意思，但是时间长了就经常一起出来见面。原来雪松也是结过一次婚的人，由于自己的丈夫远居海外，分开时间一长感情就淡漠了。不久她得知丈夫在国外有了心上人，就向他提出了分手。同病相怜的经历，让两个人走得越来越近，最终两个人决定结婚。没有大操大办，没有隆重的婚礼，但是婚后的小日子却过得很舒心。两个人达成协议，那就是对彼此的往事绝口不提。

就这样，王双开始了新的生活，心里的伤痛被雪松的体贴慢慢地抚平了。两个人生活得很和谐，也很幸福。现在的他越来越稳重，仿佛找回了年轻时的自己。他总是这样对别人说：“离婚虽然让我痛苦，但庆幸的是我又找到了真正爱我的人，她让我相信，只要两个人真诚相待就能够收获幸福。”

在寻找爱情的道路上并不是所有人都能一帆风顺，尽管我们有可能会经历失败的婚姻，但也没有必要因为过分伤心而放弃了自己今后的生活。很多影视作品中经常说："人生有的时候就是一波三折。"只有真正经历过的人才能深刻体会什么是生命中最珍贵的东西。这就好比在走迷宫，有的时候走直线未必就能行得通，真正的惊喜往往都藏在拐角处。当然我不是说大家都应该经历一次失败的婚姻才能找到属于自己的幸福，但是倘若你真的没有和自己深爱的恋人长长久久生活在一起，也没有必要过于难过。婚姻有时候就是一道双向选择题，就像那句温馨的歌词："你选择了我，我选择了你，这是我们的选择。"尽管婚姻遭遇了不幸，但是我们也应该庆幸，至少我们还拥有再次选择的权利。只要把握好再次选择的机会，我们仍然可以拥有幸福美好的人生。

所以现在还没经历过婚姻就有些害怕婚姻失败的男人们，你们无须自怨自艾，纵使离婚的原因有千万种，伤害有千万种，但至少我们当下的生活是需要自己牢牢把握的。经历了不一定是一件坏事，也许这会让我们更懂得珍惜，更懂得真诚相待，也更懂得如何更好地抓住幸福。让心里的伤痛慢慢地散去吧！我们需要用彼此的关爱填满它，你一定要相信，再婚后你一定会拥有更多的幸福，你一定要相信这个世界上一定会有人陪你一同走过。因为彼此了解，彼此关心，彼此依赖，所以和谐相处，以诚相待，拥有那份释然的尊重。

每个人都希望自己的婚姻美满，和爱人白头偕老。但是，有些事实总是让我们难以接受，无论是因为性格不合，还是其他人的出现，走到离婚这一步，曾经恋爱时的一幕幕还保存在心里，可两个人的姻缘却要就此画上一个并不圆满的句号。下一步究竟该怎么走，是向左还是向右，这时候你一定是迷茫的。但不管怎样，你不得不承认生活还是要继续的。既然第一次婚姻没有一个好的结局，那么就让第二次婚姻有一个完美的开始吧。两个人的生活是需要真诚相待的，也许他不够帅气，也许他算不上完美，但是他愿意拿出真心来对你，这就够了。人生的道路没有平坦的，经历了失去，就要更加珍惜现在。只要会经营，再婚生活也一样会幸福美满。

只要你愿意与对方真诚相待，再婚一定也可以拥有幸福。人生的道路没有平坦的，经历了失去，就要更加珍惜现在。

第三部分

如果你是王子，请寻找你的公主

如果你想受女人欢迎，记住这十条建议

我们都期待沐浴在爱情下，有时候当你为爱准备好时，爱情自然会来到。男人们，你准备好了吗？

怎样去选择属于你的“好女人”，并避开不合适的对象？这是男人们非常关注的问题。为了帮助你在和女性交往的过程中能够把握好要领，以免做出愚蠢的反应和决定，在这里向你提供十条建议，希望让你更受女人欢迎。

（1）生活中没有完美女人

漂亮、温柔、贤淑和知性的女人在现实生活中是不存在的，但这并不代表这个世上没有好女人了，如果你能抛开心里的那些不切实际的想法，变得更加现实一些，就会发现原来你身边的好女人真的不少。

（2）不要试图改变自己的恋人

如果你喜欢她，就必须接受她的优点与缺点，你们会在以后的日子里潜移默化地向着对方的喜好转变，但这并不意味着你可以去改变自己所爱的人，与其这样，不如从事其他更有意义的事情，去感悟更加美好的人生。

（3）小男人心态不吃香

女人需要的是一个敢于担当的肩膀，是一位成熟的伴侣、爱人和朋友，而不是一个还需要照顾的小男生，如果你太孩子气会使本来对你有好感的女人退避三舍。

（4）怨声载道会吓跑女人

开始一段新感情之后，还对过去的失意心怀不满，怨气十足，这种男人只会让自己的伴侣产生厌倦的情绪。

（5）好女人需要时间发掘

每个人最好的一面往往需要时间去发掘，善于卖弄的女人最初或许会令男人着迷，但是这样的人无法给你长久的爱情。

（6）不要对女人有太多的期望

保持开放而不随意品评别人的态度，可以使你的生活不时出现有趣的惊喜，女人最怕以“爱”字为名的种种期望，处处要求对方“应该如何如何”，这样只会破坏感情。

（7）不要坐等幸福

聪明的男人不会坐等幸福的降临，他会努力去开创属于自己的幸福；他们懂得去追求，而不仅仅是等待，因为，他们懂得一味地等待不会有好的结果。

（8）女人喜欢用心爱她的男人

如果你有心让中意的女人知道自己喜欢她，对方不会毫无感觉的，因为热情与接纳是“来电”的催化剂。

（9）懂得听女人的诉说

大部分男人都不喜欢听自己的伴侣絮絮叨叨地说一些八卦或是生活的趣事，但是，你要知道女人需要能够轻轻松松地谈心，不必顾虑批评的知心伴侣，不论口头上她们肯不肯承认。

(10）保持爱的神秘感

当我们对对方没有十足的把握，不敢掉以轻心的时候，往往是感情最活跃的时候，所以保持一点神秘感有益无害。

良好的心态是成功的一半。各位男人，你们准备好了吗?

追爱路上，谁能帮你搭鹊桥

一个男人单身的时间越来越长，来为你终身大事分忧的热心人也越来越多。可是，不是所有的人都适合担当红娘这个艰巨的角色，而且不同的人需要搭鹊桥的人也不同。如果想尽早脱离单身的行列，那么你一定要知道谁才是你生命当中最佳的红娘。

那么对于各位男人而言，什么样的红娘才是适合给你牵线搭桥的人呢？

如果你的性格内向不善交际，即使有着千百优点，别人也会难以了解你，不会表达自己是你在爱情路上的一个最大障碍。那么要想获得异性们的青睐，你需要找到一个懂得推销你的人，那些交友广阔和善于言辞的朋友将会是你身边的最佳红娘。只要你把你对爱人的要求告诉他们，他们就绝对有办法帮你找到合你心意的另一半。

如果你的交际圈子过于狭窄，认识的人要么有了自己的另一半，要么就是不太符合你的要求，在认识的人之中寻求目标几乎是不可能的事情。在这种状态下，专业的交友机构便是你的最佳红娘。不过，在相亲的时候你可要胆大心细，既要勇敢地寻找对象，又要小心地行事，千万不能因为想找到意中人而被一些居心叵测的骗子所蒙骗。

如果你对爱情有着很美好的憧憬，常常幻想自己拥有一个完美的爱人。不管别人怎样介绍优秀的人给你，你都会觉得他们少了一点你心中所想到的恋人特质。那些跟你思想相通，话题相近的朋友才可以转变你的观念，为你的爱情铺开一条康庄大道。因此，你需要的将不仅是帮你介绍对象的人，而是能够帮你转变观念的红娘。

你的性格活泼外向，有很多时候不太注意自己的形象，容易给人留下轻浮随便的印象，其实就算有人从中牵线，也难以找到真心待你的人。要想摆脱单身，你需要一位为人可靠老实的红娘，在心仪的异性面前为你“平反”，积极帮你做推销，那你才会有机会俘获暗恋对象的心。不然，你的爱情之路将会变得崎岖而坎坷。

假如优柔寡断是你在爱情当中表现突出的地方。那么，你对另一半没有太高的要求，只凭感觉找对象，常常举棋不定的你需要一位有决断力的红娘，当出现选择的时候显得不够决断，既耽误别人也耽误自己。在为你提供有益建议的同时，还会懂得帮你筛选值得你去投资的优质情人。

你独立自主，爱情在你生命中所占据的位置并不重要，在寻找对象的过程中，你也很容易给人留下一种冷硬的感觉，表现出不解风情的样子。而结婚生子仿佛也让人觉得只是为了完成一项不可推卸的任务。因此，你一定要找有丰富恋爱经验的朋友来当你的红娘，这样你才会真正体会到爱情的百般滋味。

朋友默默今年28了，他属于那种不解风情的男人，当初和他相处的女朋友最终都是带着埋怨之气离开的。

约会的时候他会一直讲工作，别人开玩笑的时候，他也一脸冷静。

之后就再没有女孩子愿意找他做男朋友了。更有甚者还放言说：“谁找默默当男朋友除非是想不开了！”

默默之后就没了动静，我们以为他受了伤害，独自疗伤去了，结果半个月后，默默突然出现了，后面还跟着一个无敌小师妹。

其实，默默这几个星期都是相亲去了，他有个好红娘，当初红娘是把他的缺点变为了优点，女孩儿也正是看重了默默这份真诚才和他在一起了。现在的他们已经结了婚，并且有了个可爱的宝宝。

每个男人的背后都有一个值得依靠的女人，而怎样遇到这样一个女人是每个男人都想要知道的，那么你身边就必不可少地需要一个红娘帮你牵线搭桥了。红娘并不好做，一个能将你婚姻变得童话般的红娘是每个人都需要的，学着找准红娘也就随时把握住了一份好的爱情。

每个男人的背后都有一个值得依靠的女人，而怎样遇到这样一个女人是每个男人都想要知道的，那么你身边就必不可少地需要一个红娘帮你牵线搭桥了。

该出手时就出手
——大声对她说：我爱你

人世间最遥远的距离，不是天涯海角，是我站在你面前，而你却不知道我爱你。男人们，要学会设计自己的爱情，爱要大声说出来。不要因为不好意思而隐藏自己内心的喜欢。

当你喜欢一个女孩儿时，时机成熟时要勇敢表达，把“不好意思”换成“勇敢点，你行的”！

各位朋友也会有这样的疑问：喜欢一个人到底是一种怎样的感觉呢？虽然表面上看起来这是一个十分不起眼的问题，但这是大家恋爱之前有必要最先明确的一个问题。

在你的家人、朋友、老师或者前辈、同事当中，肯定会有一个人让你持有好感。你会觉得自己好像喜欢那个人。

不论那个让你有好感的人是男性还是女性，只要见到她就会心情大好，或者觉得跟她交谈会很兴奋，想必大家都有这样的经历。当我们意识到这一点的时候，你会发现，在不知不觉当中，自己的心已经被她俘虏，有她在身边一切都变得那么美好。

没错，喜欢一个人就是这种感觉。喜欢上一个人之后，你的行为或心理会发生一定的变化。比如说，你会想要在她身边；想要静静地从远处守望着她；想要走进她的世界；想要得到她的认可与鼓励。当你一个人孤独寂寞的时候，会情不自禁地想要看到她的脸庞。甚至会想要完全拥有她，只要看到对方的笑脸就会觉得好似被幸福的花儿簇拥着一样……

那么，普通朋友之间的好感和恋人之间的喜欢到底有什么区别呢？

也许大家会有些匪夷所思，但是这两种喜欢其实并没有很大的不同。对于这一点，希望大家能事先知晓。

我们会对自己的前辈或者其他的异性朋友产生好感，但是这明显有别于恋上一个人时的感觉。比如说，在某个女生面前，你会感到心跳加速，心中的小鹿在乱撞，觉得整颗心似乎都被她带走了。

你要注意了，这种心动的感觉就是传说中的“爱的电波”。有时你会觉得她头顶光环，闪亮迷人，她的美让你无法抗拒；有时你会觉得她的笑容无比灿烂，只是静静地看着她，你就会觉得心跳加速，不知所措。

轻轻地从她身旁经过的时候，你会感受到她独特的气息，像一阵清风吹过你的心田，让你心中满是欢喜。

除了一见钟情之外，还有一种恋爱的模式就是从普通朋友升级到恋人关系。比如说，有一个很谈得来的女性朋友，在相处的过程中你渐渐对她产生好感，突然有一天你终于醒悟，觉察到自己的心境。

当然，这个时候也会有不少人感到踌躇，因为他们不确定这份感情是否是爱情。比如说你会想更加引起她的关注，跟她更亲近地交谈，或者想邀请她一同看电影等。但问题是自己无法确定这微妙的感觉究竟是什么。是单纯地想要做好朋友？还是想做恋人？没有一个明确的答案。

也许很多男性会有这样的体会：与家人关系不好的时候，或者一个人生活寂寞难耐的时候，自己会不自觉地接近身边的女性。还有这样一种情况，对那个女生怀有好感，但是没有性方面的欲望，所以就怀疑这种感情是否是真正的爱情。

人的感情是很复杂的。很难弄清楚自己的心到底是怎样想的。是寻求一份理解？还是寻找真心的朋友？抑或想要找一个可以陪伴在左右的人？

其实，这种心理在女性身上也可以捕捉到。是依赖之情？钦佩之情？还是爱慕之情？女性自己也很难分清楚。这是因为人与人之间的感情，特别是普通朋友之间的感情与恋人之间的感情往往交织在一起。

在现实生活中，爱上一个人有很多表现，但如果男人们不加以注意，大大咧咧地过日子，很可能会和自己的爱人失之交臂。甚至当你深深爱上某个异性的时候，你自己还浑然不知呢。有那么一天当你发现的时候会惊奇地说："噢，原来我早就在爱着她！"其实这一点也不奇怪，爱的长河是流动的，它会经历从自发到自觉，从模糊到清晰，从表面到深刻的过程。你怎么知道自己是否爱上一个异性呢？一般可以从以下几个方面做些测试：

（1）看是不是特别注意观察对方

爱是以相互的了解作为基础的。对方的人品如何、性格怎样及有何种特长等，你都想一一了解。在对方常到的场合，你也会常常不自觉地到那里露面，哪怕仅仅是看对方一眼，心里也感受到莫名的兴奋。只要有机会，不论时间是长是短，你都留意观察对方的一举手一投足，并由此进一步揣摩对方的心理活动。随着你目光的追踪，对方作为你爱的形象，也将在你的心灵的底片上感光。

（2）看自己是不是异乎寻常地喜欢对方

喜欢是从对方身上所显露出来的美感产生的，它从某个局部开始，由此扩展开来，并渐渐变成好感。比如你由喜欢对方的一双大眼睛开始，可能慢慢地喜欢上她整个人，并且越看越觉得对方美。这就是人们常说的“情人眼里出西施”。在你看来，对方的美不同于其他的人，能在你心中引起赞美和自豪之情，使你留恋在对方身边。

（3）看自己是不是从心里感到需要对方

对于自己所喜爱的人，我们常有这样的感受，有了快乐，想尽快告诉对方；有了烦恼，总想找对方倾诉，甚至有些事如何处理，也想去征求对方的意见。似乎自己的一切都与对方有着密不可分的联系，只要对方在，心里就感觉很踏实，而一旦对方离开，就感到六神无主，不知所措。

（4）看自己是不是格外爱护对方

你如果爱对方，那么对于她的一切，你都会很关心。如果对方要参加考试，你会想尽办法排解她的压力；如果对方遇到了生命危险，你也甘愿用自己的生命去保护对方。

“剪不断，理还乱”。当你爱上一个人时，那种如丝如麻的情感体验，促使你辗转反侧，柔肠千转。

想个“坏”招，把她“哄”到手

无论对于什么样的人来说，生活中恐怕再没有比结婚更需要深思熟虑的事情了。男人们希望他的女人对这个日子刻骨铭心，女人也愿意让此时此刻成为一生的回忆。遗憾的是，很多男人似乎怎么也找不到一个新鲜的方法将意中人娶进家门，因为一切看似可行的结婚方式都已经成为老生常谈。

一位年轻人对一位富家千金十分仰慕，但唯恐对方嫌自己条件差而一直未敢采取行动。该富家小姐出身书香门第，很喜欢琴棋书画，而且又想找位国画大师学画画。年轻人的一位好友得知此事，便心生一计。他凭着自己的关系向一位国画大师要到了名片，并且立刻写信给那位漂亮可人的小姐：“得知小姐欲习国画，且聪明勤奋，有艺术感悟力，能收你为学生实乃平生一大快事。今晚若有时间，请到××茶楼喝茶，约阁下与另一位好友一同认识，相信必能相见甚欢。”

那位小姐久闻国画大师之名，今天承蒙他看得起，并且还邀约至一家茶楼喝茶，心中难免有些飘飘然，于是立刻去见该大师，其实是那位年轻人的朋友。

当这位如花似玉的千金小姐准时来到茶楼，服务生立刻把她带到一间雅室，室内有一年轻人。

自我介绍后，两人就此攀谈起来，这个年轻人看起来博学多才，尤其擅长国画，再加上对方看起来颇有气质，小姐心中自然是顿生好感。

过了好久都没见到那位大师来，小姐心中不禁有些焦急，年轻人冷眼旁观，但仍不动声色。忽然，小姐的手机铃声响起，年轻人故意毫无反应，等那位小姐接听后还装作一副若无其事的样子。原来，他的好友假冒国画大师打了这通手机，说自己临时有急事无法抽身，并极力推荐说对面那位年轻人颇具才华，可以先跟他学习切磋。

关上手机后，年轻人忙问是什么事，在得知国画大师有事无法前来后，他立刻很殷勤地安排晚餐。同时故意打电话给一位朋友，说今日有事，无法前去洽谈商务，改到明晚商谈。

这位小姐见这位年轻人既有才又有财，不禁芳心暗动，没多久就与年轻人共结连理。

男人都知道向深爱的女人求婚的典型方式：单膝跪地，取出一只装着戒指的盒子，然后请求她同意在你身边度过余生。这样的求婚方式作为经典沿用至今。不过，现在的女人也许希望更煽情、更浪漫而且更有新意的求婚方式，甚至可以根本不按照传统的程序来进行。

某一活动中，有一男子当众跪下向女朋友献花，上演了一出浪漫的求婚秀。结果在主持人穷追不舍的诱导下和围观群众的一片鼓噪声中，其娇怯怯的女朋友掩着嘴巴一脸幸福地傻笑着答应了。

浪漫会让人热血沸腾，浪漫会让人冲动地失去理智，浪漫会在一刹那间掩盖很多缺点。所以，浪漫会左右一个人的决定。更会打动追求浪漫的女人的心。很明显，当众求婚是个不能让女人冷静地下决心的策略，受气氛感染，女人往往一激动就答应了。

一天，几个死党应阿亮之邀去大剧院看电影。他们早早地入场，闲着聊天，并不时调侃阿亮和女朋友的爱情长跑，六年的爱情，还没结果，令人羡慕，也令人着急。正在这时，银幕上打出这么一些字“阿美，我爱你，今天我正式向你求婚！求婚人：阿亮！”死党们恍然大悟，情不自禁地鼓起掌来，在场的其他观众也跟着鼓起掌。这时，阿亮站起来，“强硬”地牵起女朋友的左手，一枚钻石戒指就这样升华了一段爱情长跑。

蒸汽机车的发明者史蒂文森，是矿工出身。年轻时，他向后来成为他太太的贝蒂小姐写过一封求婚信，信中说他不才、没钱、出身贫苦，并且他的一个叔叔自杀了。这求婚信，倒是有点儿像对“旧社会”的血泪控诉，而且似乎有弦外之音：“我配不上你！”有意思的是，心中也有爱的贝蒂小姐并不在意他这些。这封信反而激发了她那颗少女的心，并迫不及待地表白了自己与他“其实有许多共同语言”，信中写道：“我出身也不高贵，钱也不多，虽然没有亲人上吊，可是小猫刚从屋顶上摔下来……”不久，他们便幸福地结婚了。

一天，男朋友带小丽去幼儿园接她姐姐的孩子。可爱的祖国的“花朵们”叽叽喳喳、蹦蹦跳跳，令小丽也情不自禁地活泼起来，一会儿蹲下去问小朋友几岁了，一会儿又抱起一个小胖子说：“好重哟！”看她高兴的样子，她男朋友恰到好处、水到渠成地正色道：“我们结婚吧！不久，我们也会有一朵‘祖国的花朵’，你说生男好还是生女好？”“当然生女好了！”小丽脱口而出。看见男朋友那“坏坏”的笑，这才发现自己上当了。

求婚技巧层出不穷，各有各的特色和创意。要想让自己的女人心甘情愿，爽快地答应嫁给你，你一定要在求婚方式上多动动歪脑筋，多想几个鬼主意，再适当加点儿浪漫。做一个“坏坏”的男人不要紧，关键是看你怎么把你的女人“引诱”到自己的怀抱里，让她心甘情愿地答应当你的新娘，这才叫坏得有本事。

求婚技巧层出不穷，各有各的特色和创意。要想让自己的女人心甘情愿，爽快地答应嫁给你，你一定要在求婚方式上多动动歪脑筋，多想几个鬼主意，再适当加点儿浪漫，让她心甘情愿地答应当你的新娘。

在网上，邂逅你的爱人

在现实生活中，很多人都戴着虚假的面具，很少在别人面前流露自己的真情实感与内心想法，缺少倾诉的生活让许多人觉得身心疲惫。而在网络世界中，对着电脑，少了许多的压力，我们可以抛开所有的伪装，在这里用坦然的文字与人进行交流，这样的交流又让心与心的距离拉得更近，在情感的世界中毫无保留地释放着自己的情愫，给了我们一个自由的空间做回真实的自己，或许你命中注定的那个他就这样与你相遇。

天涯网上，一个叫“微酸女郎”的网友这样写道：“2008年6月，本人光荣地成为国家承认的黄脸婆。兜子里揣上了传说中的结婚证书，从此正式脱离了剩女队伍。但是说到相亲，本人的确是有一大篇的血泪历史。而现在的可爱老公，也是相亲的最重要成果。”其实，更确切地说，“微酸女郎”的老公是她从网上“邂逅”的。从22岁就进入相亲圈子的“微酸女郎”，不仅历经了多次相亲，更是各大婚恋网站的常客。某一天，“微酸女郎”又照常登录某婚恋网站，随便浏览了一下首页，那网站有个光荣榜的设置，交了钱后，就成为VIP会员，就可以在光荣榜上光荣地待上那么几天，以供万千寻爱者瞻仰膜拜。她的目光被光荣榜上的一位男士吸引，他的网名居然叫“微辣”，哈哈。她在心里暗想：“我是微酸，他是微辣，难道这里是调味铺子不成?”

冲着这个网名，“微酸女郎”发了条消息过去：“你好，可以认识吗，看到你的自我介绍，我觉得你是个很热心的人。”

没过五分钟，对方就回复了：“你好，很高兴认识你。”

“微酸女郎”没想到他居然在线，她有点儿意外，不过暗自认为这是个好的开始。随后，他们加了各自的QQ号，开始聊天，他是个有趣的人，言辞很有分寸，而且知识面比较广泛。话题说了一个又一个，他们聊得很开心，“微酸女郎”已经很久没有和人聊得这样投缘。

他说：“有人把男人比作泥，把女人比作水，那么结婚后，混合在一起就成了一塌糊涂的泥水，这个问题你怎么看啊?”

“微酸女郎”说：“这是个顺序问题，如果说男人领导女人，那么男在女前，婚姻就成了浑浊的泥水，但是如果女人领导男人，那么女在男前，婚姻就成了坚固的水泥。”

他说：“你真是个歪理大王，不过很可爱。”

“微酸女郎”笑：“是吗，那你要我领导你吗?”他正色：“好的，这可是你说的，我求之不得。”“微酸女郎”微笑，心里甜滋滋的。

就这样，“微酸女郎”和这个男人从网上走到了网下，从朋友变成了恋人，走进了婚姻的殿堂。

如果没有网络，这场风花雪月的浪漫故事就不会发生；如果没有网络，这段惊魂动魄的缠绵情缘就不会出现。在网络这个自由而空灵的舞台，人们的情感肆意张扬，缤纷绚烂。在网上我们都曾是一个过客，是谁的一个笑脸，是谁的一句话语让你从此驻足，你为了什么而感动，这就是网络情缘。然而，仅仅存于网上的爱情是虚无缥缈的，但可以将爱情从网络走进现实生活，将网络当作一个美丽的过渡，把甜蜜和幸福迎进真实的幸福中来。

网恋也许会给人些许的快乐，但是千万不要被它的华美外表给骗了，要知道，纯真的才是最好的。男士们，开启你的网上寻爱之旅，“邂逅”一个属于你的优质女神吧。

主动一点，她在向你招手呢

通常，男人主动接近一个女人，要比女人主动接近男人常见、简单得多。这是因为在现有的社会环境下，男人不得不扮演主动的角色，并在接近女人这件事情上花费更多的心思。

因此，了解男人如何接近女人，不但能让男人更加了解女人，而且也能为那些也想要主动一回的女人提供一些借鉴方法。

男人总是在不知不觉中接近女人。也许那些自认为没有魅力的女人认为这事没有在自己身上发生过，她们认为这些年来，确实从来没有过男人主动接近自己，但实际上，对于绝大多数女人而言，一定有过男人主动接近的情形：它可能发生在公交车上或者酒吧里；他们中可能有正人君子，也可能有不怀好意的色狼。女人可能从没有注意到这些人，这是可以理解的，因为他们总是在不知不觉中靠近你们。当然，由于种种原因，他们并没有进一步采取行动，而是打了退堂鼓。

男人并不一定每次都能获得成功，包括那些经验老到的男人。或者可以说，他们丰富的经验，是他们在屡次遭到拒绝中慢慢地学到的。当接近女人受挫时，有些男人变得谨小慎微，最后知难而退。

另外一些男人则变得分外聪明、成熟和强大。女人的冷漠、白眼所带给他们的刺痛和耻辱，使得他们越战越勇，不断地进步，最后成为一个擅长接近女人的“职业高手”！他学会了各种各样的方法，在不知不觉中靠近女人，发起攻势，最后让女人成为他的“猎物”。

当某个经验丰富的男人对女人有兴趣的时候，他首先会根据女人的穿戴方式、言行举止、年龄以及女人的身材等有关数据，形成一个全面的判断，然后将女人归类。他在结识女性方面的经验是如此丰富，以至于形成了一系列可靠的判断标准，比如，一个对自己生活厌烦的女人、工作压力过大的女人、喜欢逍遥自在的女人或者“假小子”式的女人等。根据这些判断，他会针对你制订一套“游戏计划”，让你成为他的朋友。

通常，男人要想办法尝试接近女人。一个靠近女人的“坏小子”或成熟的男人，不大可能对女人说：“你好，女士，我能认识你吗?”这类谈话会显得太突兀。当男人开始和女人交谈的时候，不大会以自我介绍或主动握手作为开场，而会表现得好像和女人是老相识一样，使沟通变得自然、顺畅而且合情合理。这种方法可以叫作“假装是朋友”的方法。这种方法的好处是，尽可能在短时间内让女人觉得安全和舒适，当你事后回忆的时候，根本无法想起他是如何接近你的。而当女人意识到他在假装好友的时候，他可能早已把它变成了事实，你也就顺其自然地和他交往了。

研究发现，很多男人会借助一个“女性随从”的帮助，会让自己更加容易接近女人。在一般情况下，女人对男人总是怀有不同程度的戒备心，会把男人的话当成是一种拙劣的诱饵。而当他和另外一个女人在一起的时候，她就会解除这些戒备。因为女人的存在，可以创造出一种安全氛围，这就使得男人接近女性的成功率大大提高。

此外，通过掌握女人都喜欢扎堆聊天的心理，男人会在人群中找女人搭讪。在一般情况下，她们当中的任何一个都不会明显地表现出对同伴旁边的那个男人的兴趣。因此，男人要采用分而胜之、找薄弱点突破的方法。他要么会同那个看起来似乎最缺乏吸引力的女人交谈，或者同最友善的女人交谈——这两种女人拒绝男人的可能性比较小。如果她喜欢和这个男人交谈，那么就意味着他已经成为了她们中的一员，他已经成功地打入了她们内部，这时他也可以开始向别的目标发动攻势。

在刚接触女人的时候，有心机的男人一般要让自己看起来很诚实可靠，是完全没有心机的“恋爱小雏”。他甚至可能在谈话之初就提到自己的一些隐私，比如以前的一个女朋友，这样做的好处就是让自己看上去不像是一个谈情说爱的老手，也不是那种心机很深的男人。而恰恰是这一点，使女人失去戒备心，让他放心大胆地开始自己的“捕猎”计划。

了解男人如何接近女人，能让男人更加了解女人。各位追爱的男士们，你们还在等什么?

不要沉浸在“暧昧”中

暧昧的解释是，不光明、不可告人的一种行为。显然，这个解释已经完全不符合当下的状况。不知道这是人类进化的一个阶段还是一个重大标志，也不知道是从何时起，玩暧昧成了男男女女之间最 POP 的一种情感元素。

当然，暧昧和暗恋是不一样的。暗恋有很多修成正果的例子，可是暧昧终究还是无法修成正果。暧昧会带给人痛苦、不安、患得患失；暗恋可以是单恋的，即使你尽可能地把姿态摆得很低，低到尘埃里，并开出一朵花，她也不会看你一眼。暧昧就不同了，因为暧昧必须是两个人同时进行的。常常说出一些试探性的话语，能够一方发出去，另一方有技巧地弹回来，丝毫不动声色，却能碰撞出强烈的火花。暧昧的两个人明明是有感觉的，却都不肯面对，来来往往、猜来猜去，充满了乐趣。这是一场追逐的游戏，而且两个人都沉沦在这场游戏里，不可自拔。

但并不是说那些匆匆的过客就一点儿都不重要，每个人都是这个宇宙留给我们的功课，只有做好了这些功课才能更清楚地认识自己。每个我们遇到的人都会帮助我们提升自己，前提是我们要懂得感恩。

对于一个男人而言，如果第一次和自己风花雪月的女人成了自己的真命天女，这固然是件美事，但爱情终究是个难题，爱情总是匪夷所思地玩弄着两个疲惫不堪的人。男女之间更多的境遇是“爱了，聚了，散了”，所以很多的爱情都要经历坎坷的分分合合，也许曾经十指相扣的两个人转眼间就成了最熟悉的陌生人。

恋人走了，可是生活还在继续。很多人从此一蹶不振，他们所追求的生活不复存在。又有些人开始沉沦在别人的暧昧中，不可自拔。他们沉沦的暧昧并非是真正的爱情，也许仅仅是两个受伤的人疗伤的药剂。

想要恋爱可以，但是却不能滥爱，与不合适的人在不合适的地方进行了一场不合适的爱情游戏，或许将会造成两个人万劫不复的结局。因为一时的放纵，可能会造就两个人永远的悲哀。

暧昧很近，爱情很远。

有多少男人能在诱人的暧昧中保持冷静？

暧昧太残忍，可以调情，就是不可以相爱。

大多数女人的情感是分成一小格一小格的，每个格子都贴个标签，装一个男人。他们只从这些男人身上获取想要的东西。有品位高雅的情人，还有可以玩弄暧昧的对象。实力越强，格子越多。

男人在爱情方面有时候是很傻的，实力再强，情感也不能细分。心仪某个人，就希望这些特质都体现在她一个人身上。最初暧昧的那个人，时间长了，很轻易就会放弃规则爱上她。

不要沉沦在暧昧中，在适当的时刻，在不经意间。

暧昧的游戏玩玩就好，别指望自己会在暧昧中得到什么。要知道，这场销魂中，自己失去的永远要比得到的多。拒绝暧昧吧！真心地爱一个人，用真实对待这个世界。

“鞋”合不合适，只有“脚”知道

恋爱的道路，如沿一条小路不回头地前行，两旁都是金黄的麦穗儿，谁都想摘得那颗最饱满的麦穗儿，却又一直疑惑：这是最大的麦穗儿吗？等临近路的终点，才迫不及待地摘取一颗麦穗儿，已顾不上它是否是最大的麦穗儿了。爱情亦是如此，当男人正是朝气蓬勃的年岁，面对身边貌美如花的女人，也在心里疑惑：她是最好的那个伴侣吗？不断遇见，不断疑惑，美貌随时光溜走，青春不再，男人恐慌了，信手抓住身边一个看起来还不错的女人，已顾不得她是不是最好的那一个了。因此，当你行走在爱情的麦田里，看见了一颗饱满的麦穗儿，就请毫不犹豫地摘下它。

电影《爱情左灯右行》里，林嘉欣饰演的知名情感节目主持人聂冰，就这样开始了自己的寻爱之旅。

女人奔三，对另一半的每个选择都像是在一个三岔路口，向左行还是向右行？眼前的男人总是不能让聂冰满意，也许转过弯去，下一个碰到的男人才值得停留，于是就不停地转弯前行。现实往往并不遂人愿，是聂冰从来就没碰到一个合适的男人，还是她自己根本就不想停留？正如这个电影的片名，打了左灯却向右行。

身为知名情感节目的单身美女主持人聂冰，每天从孤单变老死去的噩梦中惊醒，梦中的黑猫成了她现实中的梦魔。和上一个交往的男朋友分手之后，也就是29岁生日过后，聂冰依然孑然一身。

在自己的情感节目中，打开录影棚的聚光灯，聂冰面对观众就变成了一个情感专家，帮助很多有情感问题的情侣得到了美满的婚姻。现实生活里，聂冰只能一个人躲在空阔的公寓里，在沙发的角落中独自哭泣。

一天，聂冰去酒吧买醉，遇到一个自称“天使”的男人，说他自己是来帮助聂冰寻找爱情的。他送给了聂冰一辆红色的小汽车，并且告诉她开这辆车会给聂冰带来十次机会，每次打着左灯向右行，就能碰到一种类型的男人。于是聂冰就开始了这一段神奇的寻爱之旅。

第一次转弯，聂冰遇到了帅气的交通警察，他的偶像气质让他拥有了固定的粉丝团，也让聂冰心动不已。然而，他和她只能述说“常相见不来电”的遗憾。

第二次转弯，遇到保险推销人员谭鑫，他每天都会给她一个小惊喜，让聂冰开心不已，但他表现出的精于算计终究让聂冰忍无可忍，选择离开。

第三次转弯，选秀狂人郭影出现在聂冰的眼前，他是一个超级选秀狂，却又屡屡碰壁，他因渴望成名走红而变得疯狂，他在聂冰面前的疯狂举动让聂冰惊吓不已，恨不能立即逃之夭夭。

第四次转弯，一场车祸让心理医生张庭与聂冰结缘，在聂冰以心相许之时，张庭却上演了“男友结婚了，新娘不是我”

的闹剧。

接下来，前男友刘盟、大款范中举、外强中干的健身教练武大伟、能言善辩的帅气律师、才华横溢的画家高凡、对小动物极具爱心的日本游客中井太郎及邻居小弟语童一一登场，却没有让聂冰成就一段甜蜜幸福的爱情。她绝望了，她再也不相信天使的鬼话，她扔掉了小车钥匙，将车还给天使。这时，第12个男人出现了，他就是聂冰大学时代的欢喜冤家袁佳，聂冰不知道的是，他早已默默爱了她八年。这真是“众里寻他千百度，蓦然回首，那人却在灯火阑珊处”。选择这样一个痴情的好男人，聂冰终于得到了自己一直渴望的幸福爱情。

爱情，没有最好，没有更好，只有最适合。在经历一系列爱情的坎坷磨难之后，聂冰终于明白：袁佳才是最适合他的那个优质男。追爱的男人们，如若你们能早早在心中确定爱情另一半的标准，也就不必像聂冰一般走许多的爱情弯路。

而更多的时候，就算早已定下标准，但牵手到最后的人几乎没有一点符合最初的标准，这并不代表就是选无可选时随手摘下的麦穗儿，而是在寻找的实际的幻想，逐步调整自己的标准，找到最适合自己的另一半。

“爱我的人对我痴心不悔，我却为我爱的人流泪……”正如歌词中所表达的困惑一样，烦恼于恋爱中的人总是觉得找个爱我的人还是我爱的人，是个让人十分纠结和困惑的问题。他们感觉着痛苦与甜蜜的拉扯力量，为“该选哪一个”而费尽心思。

经常会听到身边的白领男士的深情感言：找一个爱我的人

做妻子，找一个我爱的人做情人。这种观点也渐渐成为很多人的婚姻法则。但是，这种观点有一个显而易见的前提，那就是爱我的人和我爱的人不是同一个人。

生活中也有很多男性不断在抱怨：为什么我爱的人不爱我，而我又无法爱上爱我的人？尽管现实残酷，我们还是要信心满满，坚信可以寻觅到一个我爱也爱我的人；我们还要积极一点儿，行动起来，让爱我的人与我爱的人合二为一，就是让自己爱上爱我的人，让我爱上的人爱上我。

爱情，没有最好，没有更好，只有最适合。正所谓：鞋合不合适，只有自己的脚知道。追爱的男人们，如若你们能早早在心中确定爱情另一半的标准，相信你们会少走许多爱情弯路的。

异地恋，想说爱你不容易

有人说，距离产生美，异地恋会加重双方思念的感情！也有人说，异地恋是爱情的毒药，没有人能真正熬过来！当你面对异地恋时，究竟需要多大的勇气爱她到底呢？

恋爱的两个人，天各一方，相隔千里，时空阻隔了恋人，很长时间两人都不能相见，其痛苦程度可想而知。李清照的词《一剪梅》倾诉其思念丈夫赵明诚之苦楚："……花自飘零水自流，一种相思两处闲愁。此情无计可消除，才下眉头却上心头。"那种牵肠挂肚、愁思万缕的情绪，挥之不去，斩之复来，真可谓"抽刀断水水更流，举杯消愁愁更愁"。异地恋不知给多少人带来了痛苦和煎熬，很多人在异地恋的长跑中最终败下阵来。

有对恋人从高中时就开始恋爱，高考结束后，女孩儿考上了北京的一所大学，而她男朋友则去了另外一座城市。他们只有在放假回家的时候才能见上一面，两人最初都坚守着这份感情。每天晚上，女孩儿的男朋友都会打来电话，他们一聊就是一个多钟头，有时都到熄灯时间了，他们还不肯放下电话。同宿舍的女生们都十分羡慕她，认为他们会有一个美好的结局。

可惜，事与愿违，最后两个人由于互动少和互相猜忌，最终分手了。

如果你想坚守一段异地恋，必须具备比常人更强的承受能力，还要对爱情有勇气、有信心，异地恋要比普通恋情来得更艰辛和缠绵，如果抱此生非对方莫属的信念就一定要坚持到底，“两情若是长久时，又岂在朝朝暮暮”的说辞虽然很老套，但绝对有用，一定要时常拿出来作为对彼此的鼓励。结识一两个闺中密友，时常把异地恋的苦闷和欣喜与她们分享一下，丰富空余的精神生活也好。

异地恋情能否“守得云开见月明”，胜利盼到“解放”团聚的那一天，关键在于以下几个方面你是否能做到：

（1）信任：相信对方的真心及行为准则就像相信你自己不会背离对方一样。

（2）坚定意志：目前的生活状况已经决定不能双栖双飞，不要羡慕别人卿卿我我的亲密状，如不小心要与这些如胶似漆的恋人一起出游，别的不想，想想他们吵架的时候；不要理会旁边人的游说，如果她（他）告诉你谁欲追求你、谁喜欢上了你，你要提高警惕，切记别受诱惑。

（3）将时间安排满：思念虽美丽但也无比忧伤，漫长的寂寞需要自己一个人去仔细品尝，空余时间多看书，少逛街，免得出行时不幸瞧见别人手挽手——触景生愁。

（4）时时联络：电话卡备好，这是必需的“言多必失”、“亲密接触”卡，时时来点儿新花样，除了电子邮件还有书信及偶尔托邮局寄出有趣的小玩意儿。

（5）创造一起工作的条件：与相爱的她厮守在一起，才会更接近幸福。

（6）保护好自己的身体：身体是本钱，在生病时特别容易挂念对方而心生戚戚，所以要预防感冒及其他。

“问世间情为何物，直教人生死相许”。爱情累人，异地的爱情更累人。

男人们，如果你想坚守一段异地恋，必须具备比常人更强的承受能力，还要对爱情有勇气、有信心，异地恋要比普通恋情来得更艰辛和缠绵，如果抱此生非对方莫属的信念的话就一定要坚持到底。加油吧！

分手后，要表现出男人的风度

初恋总是美好的，分手总是痛苦的；相遇总是美好的，离别总是难过的。男士们，如果你们因为种种原因分手了，也要表现出男人的风度，毕竟曾经你和她是最亲密的人。

当感情走到尽头，分手就成了必然。男人此时要照顾女孩儿的感受，巧妙地提出分手。张小娴说："分手分得好，那个人会记住你一辈子，你留给她或他的依旧是美好的印象。"换言之，对你不再爱的人，要硬下心肠，但也要讲究技巧，尽量不要伤害对方，毕竟你们曾经相爱过。

（1）找一个不伤害对方的理由

分手的理由重要吗？这是个众口难调的问题，要看你对这段感情的态度而定。如果你觉得对方人还不错，虽然做不成恋人当普通朋友也能给自己一些帮助，那你就需要在顾及对方感受和尊严的情况下，真诚地、具体地讲出为什么要分手。比如，你可以列举一些你们性格不合的地方，或是让忙碌的工作来疏远你们之间的距离，如果对方真的像你所认为的那样明理，就算她心里有多么不愿意，表面上也会勉为其难地接受。但要记住，为了不给对方任何幻想的机会，分手的理由不要太过委婉温和，让对方误认为还有回旋的余地，将会使痛苦延续下去。

（2）找好分手的时机

分手的时机很重要。目前对方是正在专心于何事？如果分手，对她会有什么影响？假如你是因为对方感情出轨而提出分手，那无所谓，你大可当着对方的面把给你的所有情书烧掉，对她说那些“垃圾”你再也不想留着。但如果不是这样，而对方又面临着下岗、失业等噩运，建议你暂缓分手之计。你可以先以工作忙碌等堂而皇之的理由疏远她，让她有充分的时间进行心理的适应，待对方重新站起来后再提出分手。如此一来，你完全不失君子风度，而且好心有好报，相信你的下一个恋人一定会更好。如果单方面决定就宣布，对对方来说是不公平的。

（3）选择恰当的分手方式

通常说分手的方式有以下三种：

①当面和对方说清楚

这是最简单也是最直接的方式。面谈时，首先要肯定对方在这段感情中的付出，不要说一些诅咒谩骂的话，这会激起对方的仇恨感。面谈时态度要明确，切忌暧昧不明，否则对方会觉得你是欲拒还迎，说不定因此反而更增加了对方追求的信心，从而制造出越来越多的麻烦。

②选择书信表达自己的意思

这种方法缓冲余地较大，避免了当面说分手的尴尬，措辞也可以更加冷静得体。就连法国大文豪巴尔扎克也认为：“男女之间一刀两断的手续，书面总比口头好办。”除了书信之外，你还可以用短信、电子邮件等各种可能的方式。

③找人帮助传达

如果觉得实在不好亲自开口，或认为自己和对方没有再见面的必要，也可以找人帮忙。这个人必须是对方也认识了解的，最好是对方信得过又非常尊重的人，可以顺势对其安慰开导。千万不要给对方造成你在到处传播这件事的感觉，避免伤害对方的尊严。

（4）选择合适的分手的地点

她的个性如何？情绪容易失控吗？在听到你要分手的时候也许会因情绪失控而做出对你不利的举动。如果真有这种可能，而你又打算用面谈的方式说分手的话，建议你要慎选分手的地点。

你可以找个人多的地方趁其不备的时候向她说分手，然后坚定地转身离开。例如在热闹的中餐厅里不经意间说出分手，有那么多的服务员在侧，相信对方只能黯然接受，或者到公共场所这种常常有警卫巡逻的地方也很不错。例如在对方的办公楼向对方说你想分手，就算对方气得想动粗、动手，也会因为旁人的眼光而稍加节制。

当爱无法延续时，作为男士的你，一定要表现出自己的风度，选择最恰当的方式离开对方。

当爱无法延续时，作为男士的你，一定要表现出自己的风度，尽量不要伤害对方，因为毕竟你们曾经相爱过。

第四部分

洞察女人心，白首不离分

习惯透露了她是什么样的女人

“习惯”就是一点一滴，循环往复，无数重复的行为动作养成的，我们可以从一个人的习惯中发觉她是一个什么样的女人，坏的习惯也会暴露出她的缺点。男士们，一起来从习惯角度洞察她是什么样的女人吧。

一个有着敏锐觉察能力的男人会从女人的衣着来预测她的心情，一个善解人意的男人会从女人的小动作中了解到她的潜在需要，一个聪明的男人会从女人的习惯中判断她值不值得自己去爱。男士们要学的就是借助女人的一些习惯透视她是一个什么样的人。

（1）看她的生活用品

她的住处是不是凌乱不堪？这或许是她一时没空收拾房间，还是她本身就不爱整洁。如果是后者，那她将很难改变这种习惯。这时你必须做出决定：你能否和这样的一个需要你去照顾的女人生活在一起，你是否有把握改变这种脏乱的环境。

（2）看她交的朋友

你不可能和她所有的朋友都保持着好的氛围，但如果你不喜欢她的大多数朋友，这时你就要注意了，她也许并不适合你。女人结交一些男性朋友也不是坏事，这有助于她理解男性的特点，也表明她能与异性交流。如果她的男性朋友远远多于女性朋友，这时你就要注意了。这样的女人可能时常受到其他女性的威胁，她需要在异性的面前坚定自己的自信心。

（3）看她如何对待小孩子

她如果嫌小孩子麻烦，拒绝和小孩子亲近，那她永远不会成为一个好母亲。如果她非但不讨厌小孩子，还乐于与小孩子玩耍，甚至俯身听小孩子说话，趴在地板上和小孩子一起游戏，这个女人无疑会成为一个好母亲，值得你去爱。

（4）听她爱说什么

如果她在你面前谈起自己的家庭，和一些发生在自己身边的有趣的事情，这种女人是值得去爱的。还有一类女人喜欢对别人品头论足，高傲地看不起任何人，听信传言，甚至对别人的遭遇幸灾乐祸，这种女人趁早离她远点儿。

（5）看他对前男友的评价

讲男友坏话的女人是靠不住的。既然曾经相爱，为什么要诋毁其名誉。尊重自己的前男友，才是大度的女人，才不会小肚鸡肠。如果她总是在你面前说前男友的好话，这还说明她仍想念他，旧情难忘。你同样要留心，也许她只是把你当心理安慰的对象罢了。

（6）看她对待父亲的态度

对待父亲不好的女人，不要去亲近她。女人对父亲的态度就能说明她对男性的态度。尊重父亲的女人，同样懂得去爱自己的丈夫。但是，要注意，如果女人过分依恋父亲，言听计从，很可能是因为缺乏独立性，这样的女人往往没有什么主见。

（7）看她如何看待金钱

有的女人喜欢身边的男人抢着为她付钱，这并不能证明她喜欢大方的男人，有时也可能是因为她对异性有一种控制欲；而吝啬、小气的女人在情感方面，也注定会斤斤计较；至于拜金女和经常透支，甚至负债累累的女人，千万不可与她交往。

（8）看她对挫折的态度

从某种意义上讲，女人对挫折的态度就是对生活的态度。凡是在生活中稍不顺心就怨天尤人的女人，几乎可以预料到有朝一日，夫妻关系出现一点点问题，她也会抱怨，甚至一走了之。

（9）看她心理是否健康

爱讽刺、挖苦别人的女人，其实是借贬低别人抬高自己，这类女人的心理不健康。还有些女人无缘无故地发火，有时看电视看着看着就哭了，还可能对餐厅服务员无礼，这类女人可能在精神方面潜藏着隐患，有发展成抑郁症的危险。

在追爱的过程中，男士们要睁大眼睛，通过观察女人的一些习惯上的细节，来确定她是什么样的人，只有这样，你才能在追爱的过程中一帆风顺。

“闻”出来的好男人

亲爱的男性朋友，如果你想和心仪的女性永结同心，那么请记住多少要模仿她父亲的一些生活习惯，因为女人选择男人大都靠嗅觉。

美国一项心理学研究结果表明：女性依靠嗅觉选择自己的伴侣，而且女性往往喜欢与父亲体味相似的男性。

芝加哥大学的研究人员在《自然基因》刊物上发表文章表示，那些与女性的父亲体味相似的男子最有可能成为她们择偶的候选人。

研究人员通过对 49 名未婚女性进行测试，让她们闻一些男子穿过两天的衬衫。结果发现，女性喜欢的是与父亲体味相似的男性，而不是体味与母亲相似的男性。

虽然各种社会活动使人类的嗅觉退化迟钝，但是嗅觉和体味对性吸引的影响仍然不容忽视。

研究发现：如果一个人感觉到另一个人对自己有吸引力，在相当程度上同他的体味有关，而这种体味就是通过人的嗅觉反映出来的。

女人的嗅觉比男人灵敏，她们能够探测到像麝香一样的男人的气息。这种气息是任何仪器都检测不到的，通过这种气息，女人的大脑可以检测到男人的免疫系统的状态。如果那个男人的免疫系统状态等于或强于她自己的免疫系统，她就会认为这个男人很吸引人或者很有魔力；如果那个男人的免疫系统比较弱，她就会认为那个男人没有吸引力。这种能力在排卵期尤其明显。女人担负着养育后代的责任，她们需要保证将来的孩子身强体壮，适合生存，因此她们喜欢免疫系统强的男人。也就是说，女人凭气味来选择强壮的伴侣。强壮的免疫系统会使男人受到更多女性的青睐。

有人说，女人能够用鼻子来寻找爱情，的确如此。女人的“一见钟情”很可能是因为对方气味的吸引。一个人身上的气味是独一无二的，当自己被对方那种气味吸引的时候，就会追寻散发气味的人，这就是“气味相投”。

女人的嗅觉非常灵敏，她们对异味非常敏感。想想看，在现实生活中，常常抱怨“难闻”的是不是女人，房间里臭球鞋、臭袜子的味道通常是属于男人的，男人的嗅觉不敏锐，所以他们能够忍受。对女人来说忍受那种难闻的气味太困难了，所以通常女人都爱干净。

HLA 叫做人类白细胞抗原系统，是目前所知人体最复杂的遗传多态系统，它对女性择偶起到很大的作用。除同卵双生子以外，几乎无 HLA 相同的人。HLA 因其单倍型遗传特征，也成为亲子鉴定的重要依据。

这就是说，女性在选择男性的时候，实际上是自身的遗传系统在发挥着重要作用。女性会时刻追求男性优秀的遗传基因，憧憬男性对称的身型和健康的遗传基因。

前面说到，男人的体味是影响女人择偶的一个重要因素，但现代社会中却有更多其他影响力强大的外在条件，如长相、财富及社会地位等，但这是社会心理学所起的作用。

有一项研究发现，研究人员通过功能性核磁共振成像技术分析爱对大脑的影响，这项研究对爱的计算方式引起极大关注。

通常，刚刚坠入爱河中的男女其大脑会发出指令，使人体分泌出一种化学物质。研究人员称，这种物质为“爱情荷尔蒙”。这种荷尔蒙类的物质可以促进大脑细胞的新陈代谢，从而帮助恢复神经系统和增加记忆力。这种化学物质令恋爱中的人相互吸引，但是它在人体内仅仅能够存在大约一年时间。

对女性来说，更有意思的是血清胺。这就是说，坠入爱河的女性，由于自身体内的血清胺分泌，让自己无法意识到对方的缺点，从而削弱自己的判断力。就算外界看来那人长得难看，可女友还是十分迷恋他，“情人眼里出西施”说的就是这个道理。

由于血清胺这些激素维持高浓度状态的时间大概只有两年，最多三四年，所以当恋爱进行了三四年，当血清胺没有了，对方的缺点就会一一显现了，这就导致“女人真正了解一个男人的时候，也就是分手的时候”这样一种现象。

因此，恋爱中的男人，要客观地去观察对象，而不是被自己的意识所迷惑，从而影响自己对女人的正确判断。作为男人，也别太埋怨对方变了心，因为变了心的那个人只是忠实地按照你的化学反应采取行动而已。

都说男性是通过视觉选择了女性，那么女性就是通过嗅觉选择了男性。无论是恋爱前还是恋爱中，感情的调动是很复杂的，这种情绪或者说感受是一种全身的反应。心动的感觉，充分调动了感官和心灵的契合。

女人常常装傻，但绝对不是真傻

女人常常装傻，但绝对不是真傻，为什么这么说呢？先给各位追爱的男士们讲个小故事：

兰兰是一个很漂亮的女孩儿，大学毕业以后不管是朋友介绍还是自己相识，追逐她的男人真的可以说是不计其数。其间不乏各种各样条件优秀又对她疼爱有加的男人。但每一次她见了几面就会婉言回绝别人，这让她的朋友都大惑不解，不知道她到底要找一个什么样的。她的标准似乎就像一个谜团一样，让人觉得难以琢磨。一次好友王晓请她吃饭，两人闲聊就聊到了选择男人的话题上。因为好友的连续发问，兰兰才真正道出了自己对这件事情的真实看法。

“我真的不是好高骛远的人，只是觉得选人一定要选合适。试想一下我们这些知己之间无话不说、亲密无间，但时间长了也会有彼此挑剔的时候。好在大家虽然关系好，却没有天天待在一起，即便是有不快也会自己调适一下。可老公就不行了。他这辈子都会跟你在一起，而且你天天都会跟他见面，每一天都要跟他相处。假如这个人是一个你根本没有感觉的人，必然一辈子的时光都会成为一种煎熬。所以我觉得，对待这件事情一定要理智，如果觉得不可能就一定要提前说出来，万万不能将就着来的。”

“那你究竟对男人有什么标准，这么多男人就没有一个合适的吗?”王晓紧紧地追问道。

“在我看来，选男人可比找工作难多了。工作找到了，受不了了可以辞职，但是结婚了你怎么跟老公辞职？在我看来，豪门不是我的梦想，也不是我的命。即便真有这个机会，我也不会去，原因在于家业越大规矩越多，很多想做的事情都会受到限制，那是件相当痛苦的事情。我也不希望他是什么有名的人，因为有名的人每天都有人盯着，最后自己紧张得连出去买个菜都不敢了，这样活着有什么意义？我也不想找个博士级的老学究，因为我真的没有那个思想境界，时间长了也没有什么可聊的。我就这么一个普普通通的人，从小也没受那么多知识分子家庭的熏陶，今后他看不惯的事情肯定挺多。但从某种角度来说，我又难以把自己划分到没有一点儿文化素质的人堆里。倘若我随手说了一个这是李清照的诗词，他问我她是不是我同学，那我觉得跟他交流都成问题。其实在我的心里，早已经有了一个模糊的标准，至少他跟我在各方面是相当的，或者说我们应该是同一类人，是大部分问题上都能有类似的想法。只有这样，两个人在一起才能合拍，时间长了也不会觉得百无聊赖，毕竟下半辈子的时间是漫长的。有些人让我跟他待一个星期还受得了，要是非让我跟他待一辈子，还要形影不离，对我来说就相当于慢性自杀。我真的难以想象谁看谁都别扭，而且还没有什么可聊的两个人，要在一个屋檐下待一辈子将会是一个什么情况。也许有人觉得这样也没什么不好，但至少在我的观念里，这样是难以忍受的。人这辈子只有一回，我也没奢求自己还有下辈子，所以要找就找一个这辈子看着不会烦的。他不用太高，也不要太低，我自己刚刚够得着就好。两个人有说不完的话题，想玩儿也能搭个伴儿。不要我说向往东，他始终觉得自己毕生理想在西边就对了……”

的确，爱情和婚姻对于很多人来说，是为了找到一个能够跟自己一起携手走完下半辈子的伴侣。按照女人的想法，世界上有那么多男人，但只要不出意外的话，真正能跟自己走到最后一站的肯定只有一个人，这究竟是一个多大的几率呢？说是缘分也好，说是出于爱的渴望也好，总而言之，两个人能真正走到一块儿肯定不是一件简单的事情。试想一下，每天有那么多男人跟她擦肩而过，说过话，吃过饭，有过交往，尽管两个人相遇是一种机缘，但走到一起是两者的双向选择。不管男人怎样考虑，至少对女人来说，面对自己一辈子的事情还是相当上心的。假如说每个男人都是社会人群中的极富有个性的股票，那么女人选择你必然是在全盘考虑了她所看到每一只股票以后，才做出了选择你的决定的。

正所谓大千世界，人心千奇百怪，不同的女人选择男人的标准都是不一样的，这跟女人的眼光有着相当大的关系。这其实并不难理解，因为男人在选择女人的时候，必然也会经过一个相当全面的考虑，或许在男人的一生中也会经历很多个女人，但并不意味着这些女人都能跟自己走得很久，之所以最终会选择她安定下来，不愿意再随便动地方，必然也有想跟她永远在一起的原因。或许很多男人认为，有钱或者有前途才会赢得女人的注意，但事实上未必如此。这里不能说那些女人是故意摆出怎样清高的姿态，主要原因还是在于在她们脑海中的那个男人并不是那个样子的。因此只要她们对你的感觉不对，不管你再怎么死缠烂打，也必然是徒劳无功，无济于事。

因此对待选择这件事情，不论是男人还是女人最好还是保持一颗平常心，对于自己心仪的对象，必须要认真面对，但假如最终真的不能到一起，也要保持内心坦然。正所谓：“得之我幸，失之我命”。假如自己真的是她眼前的一只股票，就自己努力做到最好，至于选择权还是交由对方自己把控吧。只要她是在自己相当谨慎认真的情况下做出选择，不管是不是你，都应该内心坦然，至少彼此是认真对待的。

对待选择这件事情，不论是男人还是女人最好还是保持一颗平常心，对于自己心仪的对象，必须要认真面对，但假如最终真的不能到一起，也要保持内心坦然。

傻瓜，女人吃醋说明她在乎你

有句话说得好：会吃醋的女人，对她所爱男人来说，定是一种幸福。女人都爱吃醋，喜欢吃醋是女人的天性。女人因为你而吃醋，那是证明她很在乎你。吃醋是一门很深的学问，值得女人和男人共同研究和探讨。

世上没有不吃醋的女人，也没有不让女人吃醋的男人，关键是要学会怎样吃醋，要吃得舒服，吃得快乐，吃得值得！

中国古代的女性有“三从四德”之说，所谓“三从”，是指“在家从父，既嫁从夫，夫死从子”。撇开其他两项不说，单是看“既嫁从夫”这条，就可以知道古代的女子是不能主宰自己命运的。她们不能左右丈夫的做法，不能把握自己的人生，即使男人想要纳妾时，女人也必须表现出和他一样高兴，如果为此事吃醋就会被视为不是大家闺秀应该有的风范。

和古代的女子相比，现在的女人实在是幸运多了，想过什么样的人生完全由自己掌握，男友或是丈夫稍一分心，还可以醋意大发，给他们一些颜色看看。在现实生活中，几乎有90%以上经历过爱情的女子都曾经打翻过醋坛子，其中不乏山崩地裂、惊天动地的吃醋。但事实证明，不同的男人对于吃醋有不同的看法，有人认为吃醋是女人“小家子气”的表现，有时甚至会让他们觉得丢人。

他和她是大学同学。在认识她之前，他是学校里出了名的风流才子，身边的女朋友换了一个又一个，直到遇到她。而她则出身书香世家，父母都是大学教授，从小她便受到了良好的家庭教育，身上具备许多中国传统女子的大家风范。两个人确立关系后，男孩儿的确收敛了很多，但是在外人看来，收敛的并不彻底，但她从来不多说什么。他经常对他的那些朋友说，自己找了一个多么好的女朋友。

毕业两年后，他们一起迈入了幸福的婚姻殿堂，她依然稳重大方，而他依然像一个公子哥儿。走在大街上，他总是肆无忌惮地将眼光锁定在美女的身上；坐在电脑前，他和陌生的女网友天南地北地聊天；家里来了朋友时，他又毫无顾忌地和那些他嘴里所谓的"妹妹们"打情骂俏。当别人问他：就不怕老婆吃醋吗？他回答说：不可能，我老婆是全天下最大方、最善解人意的女人，她根本不会那么小家子气的。终于有一天，她再也忍不住了，向他说出来自己长久以来的想法：其实我一直都在吃醋，当你看美女时，我在吃醋；当你和其他女人说笑时，我在吃醋；甚至当你只是无意中提到一个女明星的名字时，我都在吃醋。总之，所有当你认为我不会吃醋的时候，我都在吃醋。听到这番话，他突然觉得自己实在是太大意了，原以为老婆很大方，可是没想到再大方的女人也是会吃醋的。

一个通情达理、识大体的女人都会醋意大发，更别说那些普通的女人了。在爱情里，没有一个女人的胸襟是足够宽阔的。

武侠大师古龙先生曾经说过一句妙语："在这个世界上，不吃饭的女人或许有几个，但不吃醋的女人却一个也没有。"是的，吃醋好像是女人与生俱来的一种本能，只要她们嗅到风吹草动的味道，心中的醋意马上就会迅速地向上窜。男人们实在不应该对女人们的醋意嗤之以鼻，因为女人之所以吃醋是因为她太在意这个男人了。如果有一天她忽然对你不理不睬，哪怕你在大街上光明正大地看其他的美女她也无动于衷时，这才是你真正的悲哀，这时你就要警觉一下自己的爱情是不是快要结束了。

在爱情里，"醋"是一种必不可少的佐料，甚至可以说是一种营养品，它让爱情的成长之路更加坚韧。两个人的爱情里如果没有醋意，那么这份爱情很可能就会在索然无味中结束。

吃醋，是因为有爱的缘故；吃醋，是因为不想失去一份真挚的感情。女人吃醋时看似很生气，但其实她是没有任何恶意的，这只不过是爱的另一种独特表现。只要男人的表现令她们感到满意，那么醋意马上就会烟消云散。所以，男人也不要将女人的吃醋看作心胸狭窄，就算女人真的是这样，那也只能说爱情从来都是自私的，没有一个女人愿意和别人分享一份爱情。醋劲越大，表明爱之越深。如此看来，吃醋也可以视为是女人的一种魅力，一种美德。

当然，什么事情都是过犹不及的。吃醋就像是喝酒一样，适量时可以起到调节感情的作用，但如果过量就会伤胃。因此，在这里给男士们一点建议：如果你真的爱她，那么就不要做一个"醋贩子"，隔三差五地就制造一些老陈醋，辛苦了自己也酸倒了他人，更可能葬送了自己的爱情。

如果你真的爱她，那么就不要做一个“醋贩子”，隔三差五地就制造一些老陈醋，辛苦了自己也酸倒了他人，更可能葬送了自己的爱情。

你要懂得女人的“小姐脾气”

俗话说：“女人是让男人用来宠的”。面对女人的“小姐脾气”，男士们不可烦躁或者不知所措、甚至讨厌。男士们，你要懂得女人的“小姐脾气”。

在生活中，遇到各样的烦心事，我们难免会有自己的脾气，但是请男人们理解女人的小姐脾气，一起和她迎接风风雨雨。

研究发现，恋爱中的男人会更像女人一样温柔多情，而女人却会像男人一样热情奔放，也就是说，女人在恋爱中更容易“野蛮”，喜欢动不动就对男人耍“小姐脾气”。她们耍脾气，往往会让男人无所适从。

女人爱耍“小姐脾气”，她不开心的时候就哭哭闹闹，常常让你不知所措；开心的时候也会闹点儿小别扭，更让你觉得莫名其妙；不舒服的时候喜欢赖在你身上撒娇，让你感觉又怜惜又无奈；心烦的时候便有意找碴儿，跟你吵架，这时你又总是非常气愤。

通常，男人都会说女人的情绪变得比什么都快，很让人摸不着头脑，他们总是说女人无聊，大事小事都要发脾气。可是，他们并不知道女人为什么会这样。

当女人感到内心不安时，她便会挑男人的毛病，说男人这也不对那也不对，其实，她完全知道自己的无理，她只是想看到男人乖乖投降的样子，只有当男人放下他们所谓的尊严时，她才会感觉到有一种很实在的安全感；当女人感到委屈的时候，泪水便会不自觉地留下来，此时，她需要的只是男人的肩膀，只有男人放下手中的工作，腾出一点儿时间，让她依靠一下，她才会深深感受到男人对她的在乎；当女人感到心烦的时候，会对着男人大吼大叫，或许男人没有错，她也知道自己的不对，但她只是想要得到男人的呵护，只有当男人不计较对错并疼爱她的时候，她才会感觉到温暖的爱意；当女人因为时间、距离而感到恐慌的时候，或许她对男人还是很任性，但她只是想逃避一些令她恐惧的东西，而作为男人的你，此刻又能感受到什么呢？

面对这些，男士们要懂得，她们这样和你要“小姐脾气”是因为你在她心中是永远的依靠。所以她依恋、撒娇、任性，才会无所顾忌，女人就是这样，在自己所爱的人面前总会变得像个孩子。

一般来讲，女人在恋爱中常常有意无意地要“小姐脾气”，这完全是在考验男人，她们的这种心理，实际上是出于一种下意识的自我保护。她们通常都会想：如果在恋爱时他不让着我，那以后的日子还怎么过？所以，女人在恋爱中总会给男人设置一些障碍，看看男人是否能够容忍自己。有些时候，也是因为女人特有的生理原因，在月经周期的变化中，内分泌功能失调，身体虚弱，抵抗力差，从而引起神经系统功能紊乱。这时，女人大多都会表现出暴躁、易怒的情绪，这些都是可以理解的，因此作为男人，在这段时期一定不要过分刺激女人，而是要体贴她、呵护她。

女人的包容性相对于男人来说是比较小的，她们在内心深处仍觉得自己是弱者，一旦难以承受一些事情时，她们就会寻找发泄的出处，身边的男友自然也就成了发泄的对象。恋爱中，男人往往不像女人那样爱发脾气，这是因他们的理性思维比较强，比较独立，在社会中总是扮演着强者的角色，而这种角色的扮演若被带到恋爱关系，会表现为责任心强、包容心强、不爱发脾气。

传统文化中，总是要求男人要慷慨、大度、稳重、有容人之量、不斤斤计较，而对于女人，社会则能够接受她们多变的性格。

其实，身为男人你要知道，要“小姐脾气”的女人是可爱的，如果和一个从不发脾气的女孩儿待在一起，就好像是喝白开水一样，尽管解渴，但久而久之，便会觉得索然无味。因为人的天性就是喜好新奇，不喜欢一成不变。

面对她的“小姐脾气”，男士们要懂得，她们这样做是因为你在她心中是永远的依靠。她依恋、撒娇、任性，才会无所顾忌，所以还有什么好去埋怨的呢?

爱慕虚荣是她的特性

如果你要问：为什么女人喜欢爱慕虚荣？答案是：这就是女人，女人都这样。

女人的美貌是会随岁月凋谢的，所以男人们要理解她们的“爱慕虚荣”，可能这也是用来弥补岁月侵蚀的一种方法吧。

在莫泊桑的短篇小说《项链》中就有这样一个典型的女人——玛蒂尔德，她为了能在舞会上引起别人的注意，于是便向女友借来一条项链。虽然在舞会上她取得成功，但却乐极生悲，她丢失了那条借来的项链，由此引起负债破产，做了十年苦役才还清一条项链所欠的债务。这件事让人觉得很悲哀，为了一条丢失的项链，付出了多么沉重的代价，到了还朋友的那一天，朋友居然告诉她，那条项链是假的，多么浓重的讽刺意味！

试想，造成这一悲剧的主观原因是什么，毫无疑问，那就是玛蒂尔德的爱慕虚荣。她深感自己天生丽质，本应身披绮罗，头佩珠玉。她觉得自己应当生来就享用它们，她最渴望的事就是招人喜爱，被人艳羡，风流标致，多虚荣的一个女人呀！如果不是她有那么强烈的虚荣心，可能去向好友借项链吗？不去借项链，可能丢失吗？没有丢失项链，又怎么可能有这么悲惨的下场！其实这只是社会上众多女人的一个典型，虚荣是女人的本性。

追爱的男士们要知道，爱美是女人的天性，在经济条件允许的情况下，给她买昂贵的衣服、提包、首饰，既能把她打扮成一个美丽的公主，又会给自己带来好心情。每个女孩儿在很小的时候就有着很强的虚荣心，看到男孩子和其他的女孩儿一起玩儿，就会通过某种方式来引起男孩子的注意。长大了，恋爱了，就和其他女生攀比，比衣服，比首饰，比男朋友……

有很多人认为，女人从来都是具有虚荣心的，这一点是不可否认的。假如哪一个女人没有一点虚荣心，那么，她身边的男人也会感觉到很不自在，这是一种自然的规律，就像大自然中的生物链一样，是生命中的一种和谐。

女人的虚荣心表现在相互攀比上，往往几个女人聚在一起，就会谈自己的男朋友或老公给自己送了什么礼物，然后逐一攀比。

现实生活中，有很多月收入不高的女人，会攒下半年的工资去专卖店买一个 LV 的包，然后拎着这个包去挤公共汽车，走路上下班。何苦呢？随便翻开各式各样的书刊，上面的女性征婚广告，似乎都少不了“事业有成，有房有车，并有稳定的经济基础”这些字眼。有一些年轻女孩儿对于未来丈夫的要求，宁可舍弃浪漫的爱情，也要满足自己的虚荣心，也要以体面作为择偶的标准。

一个刚从大学校园走向社会的女孩儿说：“我要嫁的男人必须具备以下条件：第一要有房、第二要有车、第三也是最重要的一点：一定要有钱。”如果事前不告诉你这是一个刚毕业的学生，你会相信这是一个大学生所说的话吗？刚走出学校大门，就这么现实了。试想，与她年龄相当的男士们，都处于创业阶段，处于人生的最关键时刻，难道这些女孩子确实要找一个年纪大的现成男人吗？是，答案是肯定的。

男士们要明白，几乎所有的女人都隐藏不住自己的幸福，恨不得让全世界的人都知道她被人宠爱着，被人疼着。这就是女人虚荣心的表现。

如果一个男人陪他的妻子或者女朋友去逛商场，她发现了一条非常漂亮的丝巾，她很喜欢，但它的价格很贵，竟高达800多块钱。对于一般人来讲，800多块钱买一条丝巾，的确有一点儿奢侈。但这个时候，女人考虑的往往不是这些问题，她心里想的是，如果这条丝巾系在自己的脖子上一定非常好看。但这个时候，男人千万不要说，花那么多钱买它有什么用，还不如买点儿别的。如果这样，女人的芳心肯定不悦，对男人就会非常苛刻，横挑鼻子竖挑眼，男人也只有受气的份儿。这个时候，如果你说一句，“你要是喜欢的话，咱就买了”。她一定是芳心大悦。但最终，她一般不会买下这条丝巾。她会说太贵了，不买了。女人看上这条丝巾，并不是一定要买它，很多时候，只是为了满足一下自己的虚荣心而已，男人在这个时候要识趣一点，尽量满足女人的虚荣心，否则只能是自讨苦吃。

女人希望和心爱的人在一起，希望得到朋友的夸奖与赞美，希望得到对方的父母认可，希望生命中的另一半能好好爱她、疼她一生一世，更希望她的幸福被所有人知晓并祝福和羡慕。有的时候，女人害怕伤心，害怕失败，害怕失去自己的爱人，害怕这一切是不真实的，所以她希望男人用爱去满足她所有的虚荣心。

因此，作为男人你要竭力呵护她而绝不要让她受到伤害，要学会适当地满足她的虚荣心，可以在她生日那天送上一件小礼物。要能容忍她的小缺点。会很耐心地等待她改变。

女人天生有虚荣心，男人要竭力呵护你的女人而绝不要让她受到伤害，要学会适当地满足她的虚荣心，会在她生日那天送上一件小礼物。要能容忍她的小缺点，会很耐心地等待她改变。

想了解她羞涩背后的故事吗

在男人眼里，女人如羞答答的玫瑰，是最美的。也许不用多说什么话，那羞涩的眸子向上一抬，便足够赢得他们的一见倾心。也许不能说是永远，至少是在那一刻，他们真的可以说心甘情愿为这个女人做任何事情。

的确，女人的羞涩给了女人足够的娇贵和魅力，这种美丽更成为她们对付男人最富有威慑力的武器。从人的本性来说，男人天生就有保护女人的欲望。越是羞涩就越可以显示出女人的单纯，越是羞涩就越会让女人表现得弱不禁风，越是羞涩就越会让男人觉得自己面对的是一个可爱的女人。的确，在大部分男人眼中羞涩的女人都是极富有女人魅力的，这似乎正是他们心中对于“女人味”三个字的正确诠释。

的确，在世上所有的色彩中，女性的羞涩绝对是一种美的展现。那动人的表情、迷人的色彩、温柔的笑容，无一不像一块强有力的磁石深深地吸引着男人的视觉和心魄。在他们眼中倘若一个女人眉清目秀，倘若做什么事情都大大咧咧，没有一点羞涩的内涵，就好比是一朵娇艳的花朵缺少迷离的香味，总让人觉得缺了点什么。“犹抱琵琶半遮面”、“欲走还休，却把青梅嗅”，从这些诗词中不难看出，从古至今对于女人的审美都多少要带上一点羞涩的味道。人美而含羞，两相映照，互发光辉，更增加了女性的迷离朦胧。在男人眼中这绝对是一种含蓄的美，是一种使女人充满无限韵味的美，更是一种不可缺失的美。但又有多少人知道，藏在她们羞涩背后暗含着多少故事和心思呢？

女人并不是傻瓜，她们对于自己的羞涩，往往跟男人的理解是有差别的。尽管很多人都不是有意识地去装模作样，搬出一些做作的姿态，但总归还是从心理上大有迎合社会主流思想需要的观念意识。出于多种顾虑，大多数女人还是会压抑住心中的各种烦躁，收敛自己的情绪，尽量摆出一些羞涩状的动作，可供别人参观审阅。为什么这样呢？究其原因，大致要分为以下几条：

（1）社会越来越现实，竞争越来越惨烈

在这个现实的社会，女人比起古代要承担更多的重负，因此心中多少会有很多难言的紧迫感。其实这种紧迫感早在她们很小的时候就已经存在了。经过从小到大不同群体的引导教育，她们开始深深地意识到，羞涩的女人是受大家欢迎的，内敛一点会赢得更多的赞美，当然也就更加适应社会竞争的大环境，因此，慢慢地，这种羞涩意识就在他们的思维中扎下了根基，成为了她们反复演练，不得不会的必修项目。从某种角度来说，一个女人会不会羞涩，与一个女人能不能在这个社会中很好地生存下去还是有很多必然联系的。

（2）羞涩表现示弱，容易赢得更多帮助

不管是男人还是女人，一生都是在激烈的竞争中度过的。面对残酷的竞争，很多女人每走一步都会觉得无比艰辛。的确，相比男人而言，不管从体力上还是脑力上，大多数女人都是不占优势的。但对于事业生活的一系列的困惑，又是女人不得不去面对的事情。既然在脑力和体力并不占便宜，面对社会多元化的竞争劣势和生存危机，女人又该怎样去应对呢？这绝对是个很现实的问题，于是她们将目光关注在了提升女人示弱求助的本能上。

的确，一个柔弱的女人是很容易赢得男人的疼惜的。不管对这个女人是不是产生爱慕，面对一个羞涩而温柔的女人，男人一般不会对她的求助袖手旁观，即便是帮不上什么忙，最起码在她有一些过错的时候也不会过于与其发生争执和计较。从这一点上来说，女人的羞涩的确占了一个赢得广大人民群众帮助的大便宜。

（3）捷足先登，有效绕开不必要的麻烦

不管是升职还是赢得爱情，从某种角度来说，善于羞涩的女人会比直来直去的女人更容易赢得大家的好感，这种羞涩里暗含的内敛和温柔绝对可以帮助她们挣足面子，赢得良好的口碑和人缘。尽管看似柔弱，却足可给对方一个太极一般的软钉子，面对锁定的目标，即便是自己不去争取，自然也会有别人鼎力相助帮你完成心愿。而这种鼎力支援往往都是无条件的，如果真的要找出什么缘由，应该是蕴含的温柔与谦和吧。或许她们的羞涩和她们的眼泪，是让男人缴枪的必杀器吧。

很多男人表示，这个世界自己真的可以天不怕、地不怕，但只要一面对女人的眼泪，就会心里发慌不知所措。有些时候，不管女人在这件事情上占理还是不占理，只要一哭，似乎男人就会觉得自己没有任何道理。尽管有些人外表仍然很强势，但从心理上却早已经对这个女人缴械投降了。

出于多种顾虑，大多数女人还是会压抑住心中的各种烦躁，收敛自己的情绪，尽量摆出一些羞涩状的动作，可供别人参观审阅。各位男士，你们又有多少人知道，在她们羞涩背后暗含着多少故事和心思呢？

女人哭吧哭吧不是罪

有时候哭泣并不代表悲伤，同样，笑也不一定就代表高兴。对于女人的哭泣，有着多层的含义，有的是喜极而泣，有的是过于悲伤，有的是疼痛难忍，有的是因为感动而泪流满面……男士们，要理解女人的哭泣，在最需要的时候给她一个肩膀依靠。

古往今来，女人的哭泣从来都不是伤心的代名词，她们可以为各种原因哭泣，有时候复杂到说不清楚究竟为何，有时候简单到只为一部感人肺腑的影片儿。哭泣的原因有很多种，若论意图，又可分真心和假意。总之，原因很多，但绝不仅仅是因为伤心。

以下是对女人哭泣原因的大盘点：

（1）最持久：伤心

伤心哭泣是最正常不过的。伤心也是分很多种情况的。亲人去世，友人离开，男友劈腿，细数起来真是说不完的。只不过，这个时候的泪水是最为澎湃的，止不住，甚至带了呜咽声。伤心，顾名思义，即心被伤了。其实，心是不会痛的，痛的只是脑袋，只是思维感觉到痛苦。这个时候，连带身体也会受到牵连，情绪的散发达到极致。只要靠近，就会感受到那股浓烈的悲伤气氛。伤心引起的哭泣是比较长的，一想到就会比较悲伤。

会伤心的女人是感性的，她会受到触动，热爱生活和生命，她有珍爱的人，她有一颗善良的心。一个冷酷残忍的女人的心是坚硬的，她只在乎自己的利益，会为失去的东西生气懊恼，却不会为失去了至亲伤心哭泣。这类女人是可怕的，极少的，男人理应祈祷不要遇上。

（2）最频繁：感动

《感动中国》不知感动得多少人流下了热泪，但一定是很多。一部感人至深的影片儿，比如《情书》又让多少人感到惋惜和心疼，感动到泪流不止。一本讲述名人自传性质的书，也可能惹掉许多人的眼泪。这些都不是亲身的经历，而是通过别人的叙述才得到的感受，都是被感动才哭泣的。这些感受比较间接，不如伤心带来的那么深刻和持久。所以，哭泣往往也是短暂的。比如一本书，就拿《穆斯林的葬礼》来说吧，不知道是被感动了多少次，但是一定是放下这本书之后一段时间就不会再想到。因为书里的生活与我们是有距离的，我们只能模糊地体会。当然，这样模糊的体会也能掉眼泪，那真的是很好的故事。感动的次数是非常频繁的，往往看完一部电影之后就会流泪。

（3）最莫名：伤感

受了情绪牵动而哭泣，真的是很莫名。可是，就是会有这样的感受，在某天莫名地感到伤感。这一点又与悲伤不相同，悲伤是有具体原因的，而伤感是有些莫名的，看到某处场景就会引发某种情绪。还记得林黛玉的葬花吗？悲秋伤春，本也就是不必要的原因，可是看到花落，不禁引起自己的某种悲观情绪，然后彻底爆发。然而林黛玉情绪爆发的时候，会念很好很好的词，现在女人情绪爆发的时候最多也就是含着泪水写博客写日志，于是网络上一堆的莫名伤感文，简直要泛滥。虽然说有些无病呻吟之感，可是它又是客观存在的情绪，无法进行否定，所以，是最莫名的。

（4）最欢喜：激动

这个其实最容易理解。比如明星的演唱会现场，多少女人高声尖叫，激动地掉眼泪的数不胜数，因为她们终于见到了心中的偶像，一个梦想的完成会让这些眼泪成为爆发点，于是激动的心情完全靠眼泪表达出来。思绪里全部都是欢喜的分子，在脑海里不停地跳动。在考上梦想的学校的时候，在进入向往已久的行业的时候，在某个忙碌已久的项目完成的时候……各种情况，她们都会忍不住哭泣。因为，紧张了那么久，突然放松了，精神立马松懈了，激动欢喜，这些词语都无法充分表达那个时刻的心情。

（5）最郁闷：委屈

受了委屈，自然是会忍不住掉眼泪的。尤其是被至亲误会时，从委屈发展下去，甚至会引发绝望。委屈是种道不明的情绪，被老师冤枉了，遭同学误解了，老板不明原因地痛骂，同事莫名其妙地讥讽，遭受男人莫须有的指责，统统会引起一种名叫“委屈”的情绪。它是淤积在胸腔中的愤慈和无助，女人如果经常受到委屈，会变得压抑不安，严重者会患抑郁症。所以，这种哭泣是郁闷时最为常见的。

（6）最虚假：刻意

面对某种目的的时候，如果达不到，那么就使用“一哭二闹三上吊”的经典手段。虽然说这样的手段，男人通常比较讨厌，可是更多的时候他们是无可奈何的。面对这样的哭泣，明显带着目的，不是从心底发出的，是因为达不到目的而采取的一种手段，是最为虚假的。

有心的男人们，面对流泪的女生该如何采取对策呢？

（1）伤心时

面对她的伤心，你束手无策，你没有办法安慰。于是，你焦虑，着急，却无计可施。作为一个扮演类似旁观者角色的人，你是无法最为深刻体会到她内心的痛苦的，说任何话都是白搭，有时候甚至会越说越糟糕。这个时候，最好是什么话都不说，只要静静地陪伴就好。记得《蜂蜜与四叶草》里，野宫匠在山田因为真山悲伤落泪的时候选择了去往她的身边，虽然帮不上什么忙，单是静静地陪伴着，对于悲伤的人来说，也是一件值得安慰的事。

所以，陪伴，是治疗伤心的最佳良药。

（2）感动时

她读哪本书，看哪部电影，究竟受了哪些感动才掉了眼泪，如果你想了解，那么就必须去研究。去看她读的书，看她看的电影，研究她所看过的这些，那么多多少少会对她哭泣的原因有具体的了解。只有深入研究了，才能够与她对谈，与她进入讨论阶段，否则只是停留在空谈层面，势必是片面的。

众多情侣走到一起，多半是情趣相投。如果你不能和她有相同话题，那么关系终究只能浮于表面，永远无法进一步深入。为了让你们之间有话可谈，请快快去研究吧，然后与她探讨，多半可以作为安慰。要知道，被感动之后如果找不到人倾诉的话，也是一件很痛苦的事。

（3）伤感时

伤感多数表达出来都是矫情的方式，因为这种情绪本身就比较莫名。她写出一些伤感的东西，其实很多时候都是那一刻才有的感受，你所要做的无非是说一些大家都懂得的道理，不过记得要说到她心里去，说她喜欢的话，说她爱听的话，不要绕着大圈子做无用功。通常要做一些准备工作，比如了解她喜欢听哪类的话，通常开导的话，她也不是不懂得那些道理，不过借你的口说出来，她的体会便又是不一样的了。当然，偶尔也可以假装批评她一下，方式都是可以自我调节的，只要她能体会就好。

（4）激动时

激动的时候，她的眼泪是止不住的，如果是众人面前，或许会带一点儿害羞。这个时候，你要表示理解，给予她鼓励的眼神，让她知道自己流眼泪是可以理解的。比如比赛结束后，她们团体获得了胜利，那么她的哭泣就自然而然地爆发了，这个时候如果你很自然地给她一个拥抱，或许她会努力回抱你哦！女人的心情都很奇怪的，在某一刻比较脆弱，在某一刻又无比坚强，这就要看你如何把握时机啦。很显然，她在激动的时候，肯定很想要与人分享，这个时候表示你的理解，做她的成功的分享者吧。

（5）委屈时

委屈的时候，总是想要发泄的多，就算平时不多话，这个时候她也会说一大堆的话，会有很多的抱怨。即使平时似乎和你并没有熟到无话不谈，但如果你这个时候站出来表示自己能够理解，并且愿意倾听，那么她多数都会把话说给你听，会说很多细节性的内容，会告诉你她为什么觉得委屈。无论她是隐隐哭泣还是一把鼻涕一把泪的，你都应当大方地贡献肩膀和怀抱，这样她的情绪会马上好转。

这个时候的你能收获很多她的信息，了解另一面的她，她也得到了发泄，一举两得。次数多了，或许她会养成习惯，一受委屈就想到你，对你倾诉，对你依赖。做垃圾桶又怎么了，别人或许还没这个机会呢。会找你倾诉委屈的女人，至少很信任你，你们进一步发展的机会很大哟！

（6）刻意时

虽然知道她是胡搅蛮缠，可是还是尽量满足她的要求吧，否则你不知道她接下来会做什么事情，对于你们的关系又是怎样的考验。其实她的要求或许很简单，或许仅仅是要你陪她逛一次街，偏偏你又有事。要知道女人有时候是有点儿小神经的，她会把一件很简单的事情弄得很复杂，或许她的本意也并不是这个。但是，她就是有本事把粥搅得一锅乱，把简单的事情搅成糨糊状，不是每个人都有这样的本事的，只是如果她有，至少说明她表达方式有点儿迂回，而思想却是比较直接的。

在这个时候，满足就是最好地选择了。即使是开了口头的“空头支票”，那总好过什么都不答应的好。不过，最好不要开空头支票，对于这样的女人，还是不要让她失望好，不然下一次暴风雨将更加猛烈。不过，究竟如何才能在不打乱自己计划的同时也满足她的要求呢？那只有视情况而定啦。如果实在不能够满足，那么她一定也不会一直搅和下去的，情节轻重她还是知道的，她不过也是仗着你爱她。所以，请放宽心，路不会太难走的。

男士们要时刻牢记：女人的哭泣从来都不是伤心的代名词，只有弄懂了女人为什么哭泣，我们才能对症下药，以获得她的芳心。

最亲密的距离不是最温暖的距离

有人说，恋人是天生的一对欢喜冤家。长期分离，彼此就会朝思暮想，牵肠挂肚；长期在一起，又会彼此觉得烦，相互之间横挑鼻子竖挑眼，甚至吵架打闹。正如橡皮筋松弛时疲软，伸张时才充满收缩力。如果女人坚持和男人每时每刻在一起，男人就会总处在逃避状态，他就没有机会感觉发自内心的对爱的渴望。所以，在恋爱中可以来个偶尔的小别，这样可以更好地维持爱情的新鲜，让思念疯长。

有生物学家做过这样一个实验，在寒冷的季节里，把十几只刺猬放到户外的空地上，这些小家伙们冻得瑟瑟发抖，于是紧紧靠在一起互相取暖，可因为忍受不了彼此身上的硬刺儿，只好又各自分开。没过多久，忍受不住寒冷的刺骨又靠在了一起，被彼此的硬刺儿扎得疼了，又分开。就这样分分合合反复了好几次，刺猬们终于找到了一个适当的距离，既可以相互取暖，又不至于扎伤对方。

恋人之间也是如此，最亲密的距离往往不是最温暖的距离。

两个人的生活，有时需要一点一张一弛的智慧、欲擒故纵的技巧。天天耳鬓厮磨的两个人，很容易在一日三餐的平淡生活中消磨了爱情的滋味。“小别胜新婚”，这话不无道理。距离不是爱情的天敌，恰恰是爱情可以仰仗的保鲜剂。

一位女性向另外两位女性朋友抱怨："我突然发现最近我老公行踪很诡秘，每次回家都很晚，我感觉他在外面一定有了别的女人！"几乎就是肯定的语气。

这时候，另一位女性对她说："从明天开始，你隔一个小时就给他打一个电话，随时掌握他的行踪，我就是这么对付我老公的！"

第三位女性也发表了自己的意见："我赞同这样，最好每天下班回到家，让他自己交代一下一整天的行踪。"

这三个女人觉得她们这样做都是出于对丈夫的爱，关心他们。这是一个很好的理由吗？她们这种行为到底是不是爱呢？确实，她们这种做法完全是出于对爱情的珍视，可是当这种珍视发展成一种病态的错误时，女人们视为珍宝的爱情还会存在吗？

爱人之间的关系要想做到真正的安全就是要保持距离。那么，该离多远？婚姻的安全距离到底是多大呢？远了，形同陌路；近了，又有可能彼此伤害。夫妻之间不像楚河汉界，清晰明了，你也不可能拿尺子去精确测量，分寸的拿捏实在要靠一个人的智商和情商。爱人就像两只相互依靠彼此取暖的刺猬，离得远了温暖不到对方；靠得近了又会被对方的刺儿扎到。只好在一次次刺痛之后，慢慢地调整距离，营造出一个"中间地带"。

一天早晨，丈夫在临出门的时候，突然说："今天和朋友出游。”在以往，丈夫去哪里，妻子也不多过问，因为丈夫会随时告诉自己。但是这一次，丈夫一点招呼都没打，宣布一声就要出门。

妻子有点儿生气，她觉得出游这件事一定是事先约好的，至少在前一天就约好了，“他为什么不跟我说一声呢？他到底还有多少事情是瞒着我的？”心里这样想着，越想越不高兴，于是就拦着丈夫，要他说清楚。丈夫很生气地问：“我的吃喝拉撒睡，是不是都要向你汇报？”说完摔门而去。

妻子开始赌气，接下来的好几天里，自己不管是和朋友吃饭还是晚上回家，或是回娘家，一概不理丈夫，同时也闭口不问丈夫的一切事情，冷战了好几天之后，丈夫终于忍不住了，对妻子说：“我现在终于知道了，你根本一点儿都不在意我。”妻子回答说：“是吗？不是你自己说吃喝拉撒睡都不用向我汇报的吗？”

两个人同时笑了，他们之间的距离也调整到了最佳距离。就这样，两颗心在一种松弛的氛围中拉近了。

有些时候，确实就是这样，两人因为爱而走近，近得恨不得不分你我。于是，两人走进婚姻，长相厮守。但是，彼此的距离却在不知不觉中慢慢被拉开。当你感到不安全的时候，你就会缩短距离，要求对方向你靠近，于是开始打探她的行踪，知道她的想法，要明确知道她一天到晚在干什么、想什么，现在在什么地方等，这些事情在恋爱的时候她会主动向你汇报，可如今，不会了。但是你想把你们之间的距离回归到以前，但她的内心有了危机，感觉自己的私人领域被你侵占了，于是，她想都不想转身逃跑。你逼得越紧，她反而跑得越快。

在这个时候，应该给你们的爱情一个“中间地带”，作为男士的你，如何来营造这个“中间地带”呢？

（1）不要太迁就对方

两个人谁也不欠谁的，爱上对方是对方的一种福气。在婚姻里，两个人都是主角，要有自己的主见，懂得适当拒绝。

（2）不要天天厮守

爱情的生命力是有限的，要让爱情寿命长一点儿就要保持一个适当的距离。

（3）不要把对方看作整个世界

台湾女作家三毛曾说过：“我的心有很多房间，荷西也只是进来坐一坐。”要有自己的社交圈，不要一结婚就原地蒸发，和所有的朋友都断了往来，这只会让你的生活越来越窄。

应了那句老话：“小别胜新婚。”恋人之间小别了一段时间，女朋友就如磁石的磁性被加强了一样，更有吸引力，在男人眼里，女朋友变得更加温柔、妩媚，做的菜也仿佛更加可口，房间收拾得仿佛更加明净了……

所以说，成功的爱情不仅要求恋人双方相互尊重，保持精神的独立，而且要求双方在感情上有一定的克制，甚至创造一些条件，使双方保持一定的空间距离和心理距离。

空间距离很好测量，心理的距离却很难测量。爱情的安全线，恰恰是看不见、摸不着的心理距离。当心理距离越逼越近时，对方会以呼吸的方式，放松一下绷紧的心弦。

第五部分

一千句“我爱你”，比不过一句“我娶你”

不要给她无谓的承诺

多数男人都认为女人是用来“哄”的，恋人之间，男人偶尔哄哄女朋友，可以促进亲密感，增添情趣，但更多的时候，女朋友希望男人能认真地对待自己。认真代表着尊重，好男人交给恋人的心应该是真诚的，尤其是当你在给你的女朋友承诺时，更要认真对待。

俗话说：“说者无心，听者有意。”你也许是兴之所至，随口说说，但你的女朋友却会认真，把它当成生活中的一个目标，期待着你为她实现。所以，当你在给她承诺时，不能太随意，你不能应付她，更不能哄骗她，要认真对待。

认真对待承诺，首先是在给予女朋友承诺时要认真。你的承诺应该是可以兑现的，或者以后可以兑现。应符合自己的情况和现状，不能为了一时开心而漫无边际地乱给承诺。无法兑现的多了，你女朋友的失望多了，就会觉得自己被“忽悠”了，会影响她对你的信任和感情。

再者，只要是说出口的承诺，就要铭记在心，记着去履行自己说过的话，做到“言必行，行必果”。承诺不分大小，只要是答应过的事，就要按时去完成。很多丈夫都在承诺上犯过无心之过。比如和女朋友约好了晚上一起吃饭，却失约了；许诺了恋人送她某个生日礼物，却忘记了。如果她把对你说过的话全然不放在心上，事后拿“忘了”来搪塞你，身为男人的你又会作何感想呢？两个人之间的感情就像一个等式，有利于增进感情的行为是加号，不利于俩人感情的行为是减号，“失信”的事虽小，但减号多了感情也会受到影响。

李琴刚结婚不久，有一次与丈夫约好在路口碰头，然后一起去买东西。不料那天下起了小雨，而李琴忘了带雨具，只能效仿“抱柱而死”的守信之徒，在路口孤零零地站着，任雨将她淋了个透湿。直等到饥肠辘辘、瑟瑟发抖，也不见丈夫的身影。她再也站不下去了，才心有愧意地离开。

不想回到家，丈夫早已安坐家中，手里拿着苹果，轻松地说：“我以为下雨，你不会傻等的。”当时她气坏了，真想把丈夫大骂一顿，恨不得马上翻出结婚证去民政局办离婚。因为，她能原谅丈夫的一切过失，唯独不能忍受他对自己的轻视！

想一想，唯一能与自己相濡以沫的人都不在乎你，你和他之间还有什么希望和意义？当然，最终丈夫意识到他无意中给了妻子多大的伤害而痛改前非，但她只能做到原谅却做不到忘记。

这件事让我们深深地体会到：一句在旁人听来也许并不在意的话，一件在外人看来也许并不放在心上的事，由最亲近的人说了做了，就很容易造成伤害。因为妻子在意你，就会在意她在你心中的位置，从而在意你对她的态度，在意你对她的评价。所以，这些小的承诺更该引起丈夫的重视，说到做到，才是好男人的行为。小承诺里是有大文章的，无谓的承诺更是要不得，不要因为小就不放在心上，女朋友除了看你是否履行了承诺，更在乎的是你对承诺的态度，并把这种态度当作是对自己的态度。女人最习惯这种“以小见大”的思维方式，所以你千万不能对那些“小承诺”掉以轻心，否则会“大意失荆州”。最好能认真地对待，以免因为一时疏忽而影响了自己在妻子心目中的形象。

古人说：“大丈夫一言既出，驷马难追。”诚信是为人之根本，男人对待恋人也应该这样。好男人不会让自己的承诺成为“空头支票”，你的女朋友失望的多了，对你的感情和信任自然就大打折扣。你认真地对待、履行对她的承诺，说明你尊重她，在乎她。一个好男人，首先要让你的女朋友信赖你，才能让她更爱你，这才更有利于你们的进一步发展。

诚信是为人之根本，男人对待自己的女朋友也应该这样。说到做到，才是好男人的行为。小承诺里是有大文章的，不要因为承诺小就不放在心上。

今天要你嫁给我

婚姻是契约、形式、过程，吸引男女走进婚姻的是其中的内涵。如何保持婚姻的持久美丽，男人要做的第一件事便是为女人建造一座忠诚可靠的城堡。

俊豪是军校的高才生，玲子是护校的校花，他们是中学的同班同学，考上的高校也在同一座城市。

他们顺理成章地恋爱了，并在一个春花烂漫的季节结了婚，婚后的日子像山涧里的小溪一样平缓而清澈，然而在第七个年头却溅起了浪花。

升为营长的俊豪接到换防山区的调令，军令如山，三天以后他就带着玲子和五岁的女儿来到了简陋的营区。

山区里条件艰苦，没有学校、没有商场，玲子开始抱怨："咱们吃苦不要紧，耽误了孩子怎么办？"

"吃点儿苦没什么，条件很快就会好起来的！过两年我就走！"每次俊豪都这样推托着。

实际上，俊豪并未将玲子的抱怨放在心上，他是一个敬业的人，他的烦恼主要源于他的工作。军人的生活不仅孤寂，而且复员转业时又没有一技之长，像样的单位都不肯接收，每年的复转期都是干部的挠头期。这一年，又到了干部战士的复转期，俊豪为了一个因工伤立功的士兵落实复员接收单位，不得不多次去找一家公司的女经理。

最后在俊豪的努力下，士兵的接收单位终于落实了，可是他的婚姻也开始触礁了，那位接收伤兵的女经理找到玲子，说俊豪已经是她的人。

不管俊豪愿不愿意，他们的婚姻最终还是解体了。

在男人诸多的优良品质中，一诺千金是相当关键的一项。正所谓“君子一言，驷马难追”。一诺千金的男人，给人的感觉是山一般的沉稳和可靠，和这样的男人在一起，心是踏实的。上面例子中的俊豪正是忽视了婚姻中承诺的重要性才导致婚姻解体的。

一诺千金，掷地有声，是好男人的必备品质。言而有信，是好男人应立的信念之一。事无巨细，能够做到的，再大也可承诺；不能做到的，再小也不要承诺。较之于习惯说“我保证”的男人，女人更喜欢说“我尽力”的男人。后者虽然不曾有十分的承诺，却是让人可信的。说话做事，留有几分余地，并非圆滑世故，而是成熟担待，这样的男人，可信可靠，沉稳如山。

电影、小说、身边，常常会遇到许许多多将承诺挂在嘴边的男人。给领导承诺、给朋友承诺、给父母承诺、给爱人承诺、给孩子承诺，甚至给自己承诺，但是其诺言却常常“竹篮打水一场空”。要知道，一个总是不能兑现诺言的人，换来的不仅仅是他人的失望，也不仅仅是自己的尴尬，失信于人最坏和最终的结果是：不再被人所相信。而这，也必将导致人生路上的处处碰壁。

《守住一生的承诺》的作者麦肯金曾担任美国南卡罗来纳州哥伦比亚大学校长22年。在1990年，他为了照顾妻子茱利而辞职，因为他的妻子患了老年痴呆症，需要他一天24小时照顾。在他看来这个极平凡的决定，竟然持续引发了各界强烈的反响。有人赞叹他对妻子无怨无悔的爱，有人则为教育界英才的引退而感叹。

麦肯金拒绝别人种种善意的劝告，毅然选择了照顾妻子。他解释说，因为多年前，他与妻子走进结婚礼堂时，他曾在上帝面前承诺，说："不论富裕、健康或疾病、顺境或逆境，我都要爱她、照顾她、呵护她，直到永远！我的妻子需要我陪她走完人生最后一段路。"

坚守当初的承诺，是夫妻间最牢靠的联系，也是婚姻能否幸福一生的一个必备条件。

曾听过这样一个笑话：

有一天，一位其貌不扬的男士，带着一位十分艳丽的女士，来到一家LV店。他为女士选了一款价值六万元的LV手提包。

付款时，男士掏出支票本，十分潇洒地签了一张支票。店员有些为难，因为他们是第一次来店购物。

男士看穿了店员的心思，十分冷静地对店员说："我感觉到，您担心这是一张空头支票，对吗？今天是周六，银行关门。我建议您把支票和手提包都留下。等到星期一支票兑现之后，再请你们把手提包送到这位小姐的府上。您看这样行不行?”

店员欣然地接受了这个建议，并且大方地承诺，递送手提包的费用由该店承担，他本人将会亲自把这件事情给办妥。

星期一，店员拿着支票去银行入账，支票果真是张空头支票！愤怒的店员打电话给那位男士，男士对他说：“这没有什么要紧啊！你和我都没有损失。我已经得到那个女孩儿了！哦，多谢您的合作。”

男人喜欢许诺言、做假设，多半是为了博取女人欢心及满足自己一时的虚荣心。男人会在做出承诺的那一刻飘飘然，会自豪得一塌糊涂，似乎话一出口就已经做到了，或是在不久的将来，他一定能够做到。而女人们偏偏爱听这些，认为只有如此，才算是真的爱她。有时，即使女人心里明明知道不可能兑现，但心里还是甜滋滋的，还是感动不已。男人也深谙此理，为了免受责难，为了女人高兴，于是，把“诺言”吹得如同美丽的泡泡，心想，能不能兑现（或要不要兑现）是以后的事情，只要现在两人开心就行。这除了男人自己喜好“吹大炮”（吹牛）外，女人也负有不可推卸的责任，因为女人爱听，所以男人爱说。

虽是如此，但还是奉劝爱开空头支票的男士，少开两张空头支票吧，女人的期望往往很高，一旦空头支票无法兑现，总会引起埋怨与争吵，感情则会陷入窘境。真心疼爱女人的话，就多做些实实在在的事情吧。而女人们要学聪明一点，要善待自己，疼爱自己，别太期望、太在乎男人的支票，否则，伤心的日子总围绕着你，你也将会变成一个怨妇。

男人其实大可不必开那么多空头支票，要知道，对女人来说，她们明白奢华珠宝并不是人人都必不可少的，和自己相爱的人度过温馨的一生才是最重要的。

男人想给女人安全感这是无可厚非的，但大可不必用空头支票来搪塞。空头支票开多了，女人就会对你失去信任，这个简单的道理相信大家都能明白吧！

把信任放在恋人手中

爱人之间最重要的就是要彼此信任。信任是以后幸福生活的基石，爱人之间是需要信任的，信任是对爱人最好的尊重，要相信自己的爱人是一个能够正确处理各种事务的人，是一个有着正常判断力的人，是一个懂得感情、懂得尊重和懂得自尊的人，所以男士们，请把信任放在恋人手中。

爱她就信任她，去掉生活中不必要的猜忌，去掉恋人之间的隔阂。做到彼此信任，相信爱情会更加美好。

爱情是极其微妙的，恋爱中的男女心中都有着复杂的思绪。他们每天都关心着身边恋人的一举一动。对方在做什么？和什么人在一起？今天有没有想我，等等。由于不信任，很多恋爱中的男女都喜欢和恋人整天黏在一起，并且以为这样对方就不会三心二意，心里才会踏实。

爱需要信任，信任不仅仅指信任你的恋人，更重要的是要信任你自己，恋人对你的信任是建立在你自信的基础之上的，也只有这样，你才能赢得对方的爱。

小李感觉自己在爱情方面的心智还不够成熟，还没有做好充分的心理准备，所以他很害怕自己的女朋友会离开自己，每天都生活在这种没有必要的担心之中。他觉得很累，不知道自己是怎么了。

女朋友是小李高中时的同桌，由于性情相投，他们在高中时就彼此心存爱慕，但谁都没有捅破那层薄薄的窗户纸。实际上，到了大一下学期他们才真正地走到一起。女朋友是一个阳光美丽的女孩儿，高中时就有很多男生追求她，但是她对小李很钟情，从来不和别的男孩儿亲近，他也很高兴。虽然最后到了不同的大学，但是小李相信他们一定能走上婚姻的红地毯。

大二下学期，很偶然的一次机会，小李进入了她的邮箱。在她的邮箱里发现了一个男孩儿写给她的情书，小李惊呆了，再三地质问她，但她否认了。其实小李知道她不是那种三心二意的人，但自从那件事情之后，小李总是会莫名其妙的担心。有了这个担心，小李开始暗暗地观察她的一举一动，经常会出其不意地打电话过去，看看她在做什么，也会经常看她的电子信箱和 QQ。

小李很在乎他的女朋友，正因为非常在乎她，所以担心会失去她，为了防止担心的事情出现，他做了很多的努力，但是他的担心并没有随着自己的努力而消退，反而越来越强烈，并让自己感觉身心疲惫。

小李在女朋友的邮箱里发现了一封情书，就开始怀疑自己的女友，这是不是一种不太信任乃至不自信的表现呢？我们来想想，在高中时，女朋友就不时受到男生的青睐，但她最终选择了小李，这说明小李身上有着其他男孩儿所不具备的品质，所以，要相信自己，相信自己的独一无二，相信自己的不可取代！

恋人之间没有了信任，再坚固的爱情也会被侵蚀一空。爱需要信任和凝固，相互猜疑的爱情不是人们渴望的爱情，也不是固若金汤的爱情。

诚然，在如今这个充满诱惑和被诱惑的时代，恋人之间如何建立起码的信任确实是个不小的问题。我信任你，可你总得做出点让我信任的行为，整天电话调成震动，接个电话藏着掖着、跑得老远，收个短信看后立即删除，发个短信还得躲得远远的，信任从何而来？有意无意，有的恋人常会“偷看”对方的电话。其实，私查恋人电话记录和短信都是不自信的表现，也是对恋人缺乏信任的行为。缺乏信任的爱情，注定是个悲剧，没有一份爱情可以在怀疑猜疑中永生。

只要相互信任，对自己和恋人有信心，前景才是美好的，两人也会在恋爱的过程中心灵相通，心心相印，爱情在风浪中也能够岿然不倒，爱情之花也能够长久灿烂无比。当然，如果遇到恋人查看自己手机时，也不要发火生气，或心里发虚。静下心来想想，是不是自己有什么破坏信任的言行？自己是否足够使对方建立起信任？不要责怪恋人查看手机不信任你，要知道信任不是向对方索取的，而是通过自己的言行树立起来的。

总之，和恋人相处，首先要学着信任她，不要因为不信任就常常查她的行踪。要知道，爱情犹如沙子，抓得越紧反而越抓不住。适当地松手，彼此信任，爱情才能长长久久。

爱情犹如沙子，抓得越紧反而越抓不住。适当地松手，彼此信任，爱情才能长长久久。

给她幸福，从满足她的小愿望开始

体贴是很实际的事儿，越实际的体贴，女人越能感受到温暖。作为她的男朋友，你一定要了解这一点。人虽然浪漫，但还不至于浪漫到无边无际，在生活中的大部分时间里，她们是很实际的，更关注眼前的生活。你的体贴也要贴近生活，比如满足她一个小小的愿望，都是男人体贴女朋友的好方式。

一个优秀的女孩儿，有众多的仰慕者。她一时间无法做出选择，于是她问那些仰慕者："为了表达对我的爱，你们愿意为我做什么？"

第一个仰慕者回答："我愿意为你去登最高的山。"

第二个仰慕者回答："我愿意为你去游最深的海。"

第三个仰慕者说："我会在花园里种满你喜欢的花和你喜欢吃的水果。"

结果，女孩儿选择了第三个。

前两个仰慕者那近似誓言的表白虽然豪迈，但高不可及，听上去那么虚无缥缈，几乎没有实现的一天。而第三个人的表白就很实际，他选择做女孩儿喜欢的事，满足她的愿望。多数的女人也和那个女孩儿一样，希望得到男人近距离的体贴，希望男人能偶尔满足她一个小小的愿望，而不是听他遥远的许诺。

我们都有实现愿望的经历，那是愉快而美妙的心灵体验。为你爱的人，实现一个小小的愿望，你也会感到快乐。满足她的小愿望不会花费多少金钱和时间，却可以表达你对她浓浓的情意。她的愿望也许是阳台上的一盆花，一个有你陪伴的安静而美丽的黄昏，一顿你们一起做的晚餐。好男人应该知道女人正期待着什么。如果你不知道，不妨婉转地问问她，再去为她实现。

他是研究数学的，做任何事都像对待数学公式一样，一板一眼。他女朋友是做音乐的，她的性格就像一串流动的音符。他们能够交往是受互补原则的影响，她喜欢他的“沉默是金”，他喜欢她的欢快明朗。

生活在他面前就是一道数学公式，他每天都有周密的安排，然后按部就班地去做每一件事。虽然有时女朋友心血来潮时会给他制造些“意外”，但这些“意外”并没有打乱他的生活计划。

周末，女朋友充满期待地问他：“你有什么安排?”“有两个讲座，我得参加。你想做什么?”他问。

“我想有什么用，你的时间又不肯分给我。”女朋友以前也常这样抱怨，但这次，她落寞的眼神让他觉得自己真的做错了。

参加完讲座回来，一张音乐会的海报吸引了他。女朋友很喜欢听音乐会，怪不得她那天那么失望呢。谈恋爱时他们听过两次，后来由于太忙就再也没听过。他突然意识到自己为女朋友做得太少了。

买了两张票，他献宝似的递到女朋友面前："下周的，我提前约你，不能爽约哟。"她兴奋地拥抱了他。那些天，女朋友特别开心，对他也格外的好。

什么是幸福呢？这就是吧。自问自答之后，他开始留意女朋友的下一个愿望了。

你的女朋友有时候就像个孩子，她抱着一个空盒子来到你面前，等着你把为她实现的愿望放进去，眼里全是期待。你每放一次，她都会对自己说：看，他是爱我的，他对我多好。她担心爱会疏远，所以需要不断地证明。

你每满足她一个小小的愿望，就是"你爱她、你在乎她"的凭证，是你在向她表明：我正跟随着你的愿望，和你肩并肩走在一起。而为了体察女朋友的心意，你要学会更关注你女朋友的生活，主动去了解她，这样，恋人之间的交流又会进一步加深。

列一张单子，写上她希望你为她做的事，随时发现，随时补充，每隔一段时间就去为她做一件事。持之以恒，在不知不觉中，成为一个体贴女朋友的好男人。

幸福，就是那些小事

幸福的婚姻什么样？

如何让婚姻幸福永存？

什么是幸福，幸福就是人生命中一件件的小事情。

什么是幸福的婚姻，这些小事有来自爱情的，有来自婚姻的，有来自子女的，有来自家庭的，并且是让人有精神上的愉悦和幸福感的小事情。

那么幸福婚姻有什么秘诀，幸福婚姻的秘诀是：对于婚姻中的任何事情，和蔼点，别挑剔，也就是说，婚姻幸福长久，应该遵守以下规则：每当你责备伴侣一次后，都应该找机会赞扬她五次。这样不仅能让她消气，找到心理平衡，还能使她感觉受到重视，从而巩固你们的爱情。

心理学专家认为，婚姻要想幸福尤其要重视环境变化对婚姻产生的影响，如失业、生孩子、婚外情、生病及心理抑郁等，都容易使夫妻关系亮起红灯。如果把这些处理好，婚姻就会幸福长久。

男人常说，事业上的满足不等于幸福。当有人问男人幸福是什么时，男人多半不会从成功谈起，相反，男人会说：

幸福是成功之前自己女人给予的一声声的真心肯定和默默的支持；

幸福是辛苦打拼时有人给你递上的那一杯热热的苦咖啡；

幸福是给妻子买菜回家的路上顺便买的那一枝玫瑰花；

幸福是回家后那个可爱的小宝贝喊的那一声爸爸……

幸福之于男人的目标绝对是成功的事业、温馨的家庭和快乐的孩子，但那幸福的感觉则源于那一件件一桩桩的小事。

对女人来说，女人的精神支柱是家庭以及家庭中的男人和孩子——从男人那儿她们体会着被爱着、被宠着、被疼着，这本身就是一种幸福，从孩子那儿享受的是做母亲的满足以及生命在自己的呵护下一步步成长的感动。

因此，女人的幸福主要来自：

幸福是有一个可以让她哭、让她笑、让她牵肠挂肚一辈子的人，并且这个人还会对她说“我不怕下地狱，我怕的是地狱里没有你”；

幸福是有一个可以不大但足够温暖的家；

幸福是有一个可以在孤单的时候陪伴在身旁的身影；

幸福是有一只流泪的时候能为自己抹去眼泪的温柔的手；

幸福是有一副累了的时候可以让自己依靠的肩膀；

幸福是有一个自己爱也爱自己的丈夫和一个有事没事就喊妈妈的孩子。

……

不管是男人还是女人，都要勇敢地承担起自己作为爱人另一半的责任，照顾并谦让另一半，并尽可能多地付出自己的理解、支持、关爱、细心、耐心和责任，出色地做好组成幸福的一件件小事。

浪漫与钱无关，与心相连

张小娴在她的一篇散文中提到，一位男士在女朋友生日的前几天就暗中从世界各地订购了不同种类的玫瑰花。等到她生日的那天，每隔一小时就有一份礼物，这浪漫吗？当然浪漫，花，对于女生来说，太喜欢，而且还是自己最心爱的人送的。

每一个人都喜欢浪漫，但是很多人谈到浪漫时，都说这需要用金钱来制造。没有钱，哪能买这买那，制造浪漫的传奇。而且，一般女人都坚信：男人对你在金钱上的态度，就是他对你的最终态度。于是，肯不肯为你花钱成了女人衡量男人的唯一标准。

这话不无道理。可金钱的数量是绝对的，浪漫的程度却是相对的。也许对一个月薪只有千把元的男人来说，买一个两百元的礼物送给他的恋人已属“浪漫”。然而，对一个事业非常成功的男人来说，这显然不算什么，而且他可以让他的司机开车去买，让秘书提醒他什么时候送，他一点儿都不用记挂。

没错，爱情需要浪漫，但是浪漫真的需要用金钱去营造吗？不花钱就不会有浪漫吗？如果浪漫只是用钱堆起来的，你的恋爱就已经被收买。

伟和梅是一对恩爱夫妻。结婚十多年了，虽然两个人也时不时地有点儿小矛盾、小冲突，可他们的感情却如酒一般，越陈越醇香。一切可以说都源于伟的浪漫天性。

婚后，伟尽心竭力地维护爱的点滴，他会先安排好保姆看护孩子，然后“绑架”妻子，来个特别约会；会把“我爱你”的字条贴在小布熊上，外面包上铝箔纸，塞在冰箱冷冻室里其他包着铝箔纸的食品之间，期待有一天梅在找食品时，发现这只贴着丈夫示爱字条的小布熊。

一次意外令伟十多年积累的财富付之东流。为了偿还债务，他必须卖掉梅的订婚戒指。在他的事业再次有起色不久，也就是他和梅的结婚12周年纪念日那天，梅的晚餐再次变成了一个小小的首饰盒。伟说：“我一生最快乐的日子是给你第一枚戒指的时候，最晦涩的日子则是把它要回来的时刻。现在，每次你看见这只新钻戒，我要你记得，它代表我对你的感情。结婚纪念日快乐！”

在现实生活中，不是每个人都可以拥有闪亮的钻石，用来照亮一个浪漫的夜晚，但却有一样礼物可以随时送给我们的配偶。它像呼吸的空气一样是免费的，但却是无价之宝，那就是爱的语言。

男人和女人年轻时成了家。女人婚后在一个商场做营业员做了20年，男人却从普通的教师做到了大学的教授。别人都对女人说：要小心男人，有钱有权就变坏。女人的态度很是平淡。有的朋友见面就问女人离了婚没有，女人浅浅一笑。他们还是生活在一起，还是人们眼中看似不般配却又很幸福的一对。最终，女人道出了他们让平淡的婚姻得以幸福的秘密：

女人说男人总是不经意地送上一大把花到她上班的地方；写封情书诉说他的感谢与爱意；在她辛苦工作了一天之后帮她放洗澡水；吃完晚餐后，主动帮忙收拾和洗刷碗筷；天冷的时候，主动脱下自己的外套给她披上；偷偷早起，帮她准备一桌丰盛的早餐；跑到她上班的地方等她下班，带她去吃一顿晚餐；告诉她："你是我今生最爱的女人"；写张小卡片跟她说："我爱你"；偷偷买下她逛街时看到的很喜欢的小饰品，不经意地拿出来送给她……

男人说：他和女人的心都一样地爱着对方。心，才是重要的，其他的都只是身外之物。

的确，浪漫不需要大费周章，更不需要花费太多的金钱。浪漫不是送贵重的名牌或者豪宅、名车，更不是以金钱或物质堆砌出来的。浪漫的重点是表达关心与爱意，让女方感受到你重视感情且愿意为了感情付出。

关掉电视，即使就是一两个小时也罢。一起看看书，聊聊一天的趣事，或者就是享受一下还不太习惯的沉默……浪漫就是这么简单。

丽与先生已牵手走过了20个春秋，但他们之间仿佛不存在"审美疲劳"，爱情之花绽放得如昔日般芬芳美丽。"我们的爱情保鲜秘诀就是旅游。”丽笑着说。即使在月工资只有几百元的时候，他们每年也会想方设法去外地旅行一次。

丽记得有一回去北戴河，她和先生买了两斤虾蛄和两瓶啤酒，漫步在细软的沙滩上，吹着海风，带着微醉的心情，这组画面成为他们心中共同美好的回忆。

每逢结婚纪念日、情人节、两人的生日等特殊的日子，无论有多忙，夫妻俩都会颇费心思地庆祝一番。丽说，除了给生活特意制造一些不同和起伏外，浪漫还可以“投其所好”：“因为先生爱好集邮，我也就‘爱屋及乌’，经常到集邮市场逛逛，有时买回邮票与丈夫一起欣赏研究，一个人的喜悦由此就变成了双份。”结婚20年来，丽和先生每年都会去拍一组照片，记录时光的变化，那是一起慢慢变老、彼此疼惜的浪漫。

现实生活不需要金钱来支撑的浪漫爱情举不胜举。所以说，爱情浪漫与金钱并不是绝对关联的。金钱固然可以买到浪漫，但纯粹大把撒钱而得到的浪漫其实很俗气、很市侩。现实中，很多人只知道用金钱来制造浪漫，没有钱就放弃了对浪漫的追求，其实大可不必这样。要明白，浪漫是无价的，是靠执着的储蓄和至高无上的真情之相合，并不是钱财所能来培养和维护得了的。脱离了金钱，纯粹用心谱写和营造出来的浪漫更美丽、更持久。浪漫无须上百朵玫瑰，也许只需十指紧扣。无须珍贵的礼物，或者只是一个拥抱。

在许多人的概念里，“婚姻”与“浪漫”无法两全。浪漫是花前月下、卿卿我我，而婚姻则是锅碗瓢盆、柴米油盐……总是让两个人焦头烂额。日子渐渐被岁月洗得平淡粗糙，柔情蜜意也渐渐远去，浪漫成了昔日的风景，成了顺水而去的落花。但请记住，婚姻也是需要浪漫来调色的。

其实，浪漫并不仅仅与金钱有关，也没有时间的限制，只要用心，哪怕我们头发花白，依然可以浪漫。

做她忠实的听众

人们都喜欢善于倾听的人，倾听是使人受欢迎的基本技巧。人们对于被倾听的需要，远远大于倾听别人的需要。倾听是心与心的交流。男士们，做一个善于倾听的男人，做她忠实的听众吧。

善于倾听的人，身边会有很多朋友；善于倾听的人，会知道如何心疼你爱的人；善于倾听的人，能收获持久甜蜜的爱情。

大学几年，他和她如胶似漆，曾经是大家眼里最艳羡的一对，总以为毕业了在同班同学里会是最先结婚的，没想到才毕业几个月他们就分道扬镳，爱就成为往事。

很多人都想不通，难道爱情真的就这么经不住社会的考验？她对别人说起他们之间的事，说他太不了解自己，根本不知道自己到底想要什么，想过一种怎样的生活。他却跟别人解释："她要什么，我能做到的，都会想办法满足的。可她总喜欢给人打哑谜，让人猜，不嫌累啊，两个人在一起需要沟通的，你不说我怎么知道你究竟想要什么。"

原来如此！提起了解女人，很多男人都会说："女人心，海底针，仔细去捉摸，这会很累。”这可不是一个好借口，不该作为不去了解的理由。

仔细揣摩上面的故事会发现，其实了解女人也并不是什么难事，学会倾听女人的心思就是关键。一般情况下，男人都非常的理性，在遇到问题的时候，他们通常会选择交谈的对象，一起研究问题，辨明是非，再去想解决的办法。而女人却不同，她带着情绪地嚷嚷，含着眼泪地倾诉，嘴里说上一千句一万句的狠话，直到感觉心里舒畅为止。理性的男人可千万别在这个时候试图打断她，跟她讲道理，那只能是你不了解她的表现，很可能问题没有解决又带出新的问题来。女人就是这样，生气的时候发脾气只是为了发泄，她不会去想这样做到底能解决什么问题。此时她需要的只是一个倾听的对象，这对象不需要发表任何的言论，只需要做个装下她所有坏情绪的垃圾桶就行了，她发泄完事情也很可能就过去了。

女人都希望自己的男人可以倾听自己的心思，理解自己的内心世界，希望跟自己的爱人做朋友。希望这个与之偕老的男人可以容忍她的缺点，包容她的不足，尊重她的长处。而她也是愿意以同等的待遇对他的。她喜欢他们之间常以朋友的方式探讨问题，无论是生活之内还是生活之外的。她喜欢在谈论自己的工作时男人能够用心听，对她的工作有所了解，这也被当成一种尊重的表现。

没有几个女人愿意老老实实地说出自己心里所想，有时候会把心思藏得很深，这是源于女人的矜持抑或过分的自尊。虽是故意隐藏，但仍希望自己的那个男人能够去耐心地探索，恰到好处地知道自己的心思，并为此心思服务。如果男人真的爱这个女人的话，就应该仔细去倾听，去挖掘女人内心的世界，从每一点细微处着手。男人不懂女人的心思，就像白天不懂夜的黑。相处时间长了仍不想办法去改善的话，很可能就会出现以上所说的那位仁兄与他女朋友的最终结局。

女人想要出门换衣服的时候在镜子前面照了又照，虽然自己已经感觉很满意了可有时还是会问一声："这外套颜色与裤子搭配好看吗？我适不适合这种颜色，穿出来会不会显得比较胖……"其实很多时候，她需要的并非"是"或"不是"的回答，就仅仅是问问而已，或只是想听到一句夸赞的话。聪明的男人，一定要明白这小女人的心思，把握好回答的尺度，或尽可能地转移话题。千万千万别停留在这个问题上陪她探讨，因为看她之前的表情就足可以判断她对自己的穿着打扮已经是相当满意的了，深层探讨只会容易产生是非！

电影《倾听女人心》里梅尔·吉布森演绎的角色是个大男子主义十足的人，他总认为自己永远是对的，而往往将女人的想法视作愚昧，即使是正确的想法，他也会当作是女人碰巧的运气而欣然接受。即使知道女人的想法他也不会乐意去沟通，因为在他看来那只是麻烦的小事，没必要浪费自己的时间去沟通。但后来在经历了一次偶然的事故后，他意外地发现自己获得了一种神奇的能力，凭借这种能力他可以听到身边女人的心声，从而能完全感受到女人真实的内心世界。通过倾听和内心的沟通，他改变了以往错误的观点，并学着时时倾听，更好地去了解女人，关爱女人，生活因此变得充满了情趣。

其实女人的心思并不难猜，重要的是男人是不是花了心思。比如，在相识周年或特殊的日子到来之时不忘送她一件小礼物。这礼物可以不值钱，这点她不在乎，她在乎的只是被重视的感觉。千万不要以为那日子并不重要，她可能根本就不记得了，要是那样想就大错特错了。再比如，男人在下班的时候看到女人在厨房忙碌的身影，可以不帮忙，但千万别忘了伸头问一句："要不要帮忙？"这种问候让她感觉到被关心。心情会很舒畅，再辛劳的付出也感觉是值得的。还有，就是女人在男人跟前讲她的同伴有多么的出色，或跟男人一起逛街，指着街上光鲜靓女郎说看她身材多好的时候，并不意味着她不吃醋。这个时候通常是女人可以说，男人却不可以附和，因为在任何一个女人面前称赞另一个女人有多好、多漂亮，都是一种冒险的行为，所以男人若真聪明，就没必要自找没趣。这时男人需要做的就是专注地看着眼前的女人，赞一声："在我心中你是最好的。"女人就会非常满足了。

《武林外传》中有这么一段：佟湘玉问了老白一个问题，结果老白的答案不是湘玉想要的，于是老白和湘玉便两相受害；相反，聪明的秀才赌咒发誓，用谎言回答了小郭想要的答案，终于通过考验。虽然小郭也不相信秀才就是这么想的，但是她还是得到了很大的满足。

这就说明，其实有时候女人想要的，只是一个形式上的东西。

很多时候女人在潜意识里都会把自己当成个孩子，她可以表现得非常懂事听话，但作为她爱的也爱她的人，必须要呵护她。千万别认为她“很懂事”，就忘记了她作为孩子的种种特权——天真、撒娇、任性、受宠。女人会天真地希望花常在月更圆，希望有情人终成眷属，希望有一个浪漫的人生，希望自己爱的那个人多年如一日地呵护她、爱她。当一个女人跟爱人闹了点小矛盾说：“分手吧。”如果你还爱她，并相信她还依然爱你，就千万别把她此时的话当真，她之所以做出这样的决定，很可能是因为她对你的态度有些不满，犹豫了。她无助、恐慌，希望得到安慰，此时的她最需要的就是你坚定的回答：“我爱你，不能没有你，最近也许是工作忙对你疏忽了，我一定会改正。”原谅她的任性，把这当成爱的一种表现吧。她需要被宠，一如既往，只是也许用来表现的方法不是那么的恰当罢了。

女人的心思真的很简单，只要男人在平时的生活中对她多一分爱意，多一分体贴，多一分细心，那么就可以理解到她的需要。

男士们，女人的心思虽细腻，但并不难猜，只要用心就可以。女人真的很容易满足，一句真诚的问候，一件微不足道的小礼物，一声真心的赞美都会让她感动连连。

学会倾听女人的心思，并去为之服务，将会发现生活原来可以这么有情，人生原来可以活得这么精彩。

可以巧妙“逼婚”

爱情只有走进婚姻的殿堂，才是彻底圆满。爱情与结婚之间有很遥远的路要走，巧妙“逼婚”，能另辟蹊径，更快到达幸福的终点。

帅气的小李遇到了一个无法解决的感情问题。他今年25岁了，女朋友和他同岁。他们在一起四年多了，但是女朋友还没有结婚的打算。

一年前，小李希望和她结婚，当时女方一口答应了，可是却因为男方父亲执意要过两年再说而搁浅。小李当时不想女朋友为难，就没有再坚持，他们就这么一直到现在。

现在，她和小李父母住在一起，今年他们在谈到结婚事宜的时候，女方说她觉得自己还小，不想那么早结婚，希望小李再等等。

小李觉得很崩溃，想分手吧，可暂时也没有其他喜欢的人，自己又确实挺喜欢她的；不分手吧，坚持下去又似乎看不到希望。该怎么办呢？

俗话说：“吃得苦中苦，方为人上人。”爱情也是如此。一件事情让你越快乐，你所得到的回报就越少；一件事情让你越难受，你所得到的回报就越多；如果你能对自己狠心，你就更容易得到你所想要的。

每个人都具有得失不对称性，对于相同的一件东西，人们失去它所带来的痛苦要大于得到它所带来的快乐。正因为如此，人们总是试图保住自己不失去任何东西。这种现象被心理学家称为“损失规避”。

好事者做过这样一个实验，他们问一群大学生愿不愿意花四块钱购买一个杯子。结果多数人都表示不愿意。而当他们每个人都免费得到一个杯子，过一会儿，被问到是否愿意以六块钱的价格卖掉的时候，愿意卖出的人也很少。

2006 年，耶鲁大学经济学家基思·陈（Keith Chen）在对僧帽猴进行的一个物品交换试验研究中，僧帽猴也表现出和人一样的敏感度，他们对损失的厌恶比对收益的欣喜强两倍。厌恶损失。天哪！这意味着什么？这意味着这种人类行为的基础——即对损失与收益的偏好和偏差，早已扎根于僧帽猴和人的共同祖先身上！早已深深刻在人类的骨子里！如果你掌握了人们的这个心理，你将完全可以成为一位“耍猴人”。

赋予效应使得人们对自己拥有的东西加上了非常高的价值，导致人们不愿意去做决策改变现状，这种安于现状也是损失规避的一种表现。

男人们总是试图安于现状，抓住眼前的一切不让它们溜走。这时你突然剥夺女人的现有物，会使之产生巨大的心理波动。比如说劈腿，在你和她之间犹豫不定的时候，你突然剥夺她的选择权，这时，他得到她的快感远远比不上失去你的损失。他会迫不及待地想回到原来的状态去，结果就是——你更容易得到这个女人。同理，突然剥夺她的拥有权，你会更容易收到求婚。

有时候人们之所以不珍惜，是因为他们还有着更好的选择机会。好比我们去市场买菜：芹菜多少钱一斤？两块？好吧，我再往前走走看，看看里面有没有更便宜的，如果没有我就折回来。但如果你在天黑的时候奔进菜市场，抓住最后一个准备要走的菜贩：你会说：快！芹菜给我来一斤。这个时候，你不会计较价格。反之，如果你是一个菜贩，因为要去接幼儿园的孩子放学而不得不赶快离开菜市，你会大叫：芹菜五毛啦，便宜卖啦。很遗憾，婚姻市场是一个永不落市的市场，有那么多"卖家"在涌入，你得赶着结婚，没有太多时间和优哉游哉的"买家"讨价还价。所以你最好的办法就是竖起一面大旗：仅此一家，有机蔬菜，不买拉倒。

所以，当你发现面前的这个女人试图推托婚姻，你应该想到两种可能：

（1）她想和你结婚，只是需要一点时间来思考；

（2）她不想和你结婚，但不想主动来开这个口。

当如此残酷的现实摆在你面前的时候，你应该事先找好房子然后突然搬出去，不要加任何解释。再说一遍，不要解释，不问青红皂白，没有任何预兆地和她断交。

如果她不来找你，她应该是早就有了和你分手的决心。如果她来找你，先拒绝见她，温柔地告诉她：我很喜欢你，我和你在一起也很快乐，不过我不是这种无限期和人恋爱的人，我们也许需要一点空间给彼此。

注意，始终不要对外抱怨你的女朋友。如果女友的朋友或父母打电话给你，你可以同样很温柔地告诉他们：

我和××之间有点儿误会，也许需要一点时间来让你们接受，谢谢你们的关心；我和××存在一些不知道能否解决的分歧，希望你们能理解，我自己会处理好的；很高兴你能打来电话关心我，不过两人的事情也许需要自己来解决，谢谢了。

注意，自始至终你都要模棱两可，不说要分手，也不说不分手。态度要温柔，语气要强硬，一切都留给对方去猜测，接着她也会猜测。

可以预见的是，她会经历一个“疑惑—愤怒—焦虑—悲伤”的过程，而在这个过程中，你是最大的赢家。如果她真心想和你结婚，你很快就可以求婚了；如果她没有想和你结婚，你再等下去也没有什么意义。

需要警惕的是，她也许会试图冤枉你，哀求你，打压你，辱骂你，试图把你卷回之前的关系中。不过这都不要紧，如果你所需要的是一个妻子，而不是一个不想结婚的女朋友，这是你必须做的。

婚姻市场是一个永不落市的市场，有那么多“卖家”在涌入，你得赶着结婚，没有太多时间和优哉游哉的“买家”讨价还价。所以你最好的办法就是竖起一面大旗：仅此一家，有机蔬菜，不买拉倒。

不要试图改变对方，接纳并适应彼此的不同

我们很少去想我们已经拥有的，而总是想我们所没有的，这正是世界上最大的悲剧，它所造成的痛苦可能比历史上所有的战争和疾病都要多。

对于男人而言，更是如此。男人不要对女人要求太高，不要经常去试探女人，更不要以分手作为威胁，当你经常给她这种心理暗示，她的潜意识就会做好分手的打算，不要因为女人爱你就无限制地扩张自己的权利，不要干涉她的理想、信仰和追求，不要自以为你比女人看得更远。

不要以为女人爱你，她就应该有无限的耐心，一个人的耐心是有限度的。耐心消磨完了、就该消磨爱。不要信奉这句话“你爱我，你就应该知道我想什么”，这完全是不应该的想法。没有人会完全知道对方想什么，由于女人没有及时了解到你的想法，而得出女人不爱你的结论是非常愚蠢的。

曾担任过英国首相的狄斯瑞斯说过：“我一生中也许会犯许多错误，但我绝不会因为爱情而结婚。”他做到了吗?

35 岁以前，他一直过着单身生活，直到那一年他遇到了一位有钱的、头发花白的且比他大 15 岁的寡妇玛利安，于是

他向她求婚了。她也知道他找她是为了她的钱，所以她告诉他，她要观察他一年再说。

一年后他们真的结婚了！这故事听起来让人觉得太功利、太不浪漫了，但事后发生的一切都让人大跌眼镜。

因为他们的婚姻非常成功。他这位富婆妻子，既不年轻，也不美貌，更不聪明，她说话时常常犯文法和历史的错误。比如她竟不知道希腊人和罗马人哪一个在先，她对服装的兴趣古怪，对房间装饰的兴趣奇异，但重要的一点却做得非常好，那就是她懂得怎样驾驭男人，她从不和丈夫对抗，当狄斯瑞斯在外面和别人唇枪舌剑谈得筋疲力尽回家以后，她不仅没生气，反而让他在轻松愉快的闲谈中放松下来，他渐渐地变得越来越恋家了，家成为他获得心神安宁的地方，她是他的伴侣、亲信和顾问，她是他最信任的人，是可以放心地征求意见的人。因此，他每天晚上结束了下议院的工作后，都会急急忙忙地赶回家，告诉她每日的新闻，而最重要的是玛利安总是耐心地听他讲，并充满信心地鼓励他。

三十多年间，玛利安把全部的身心都放在了狄斯瑞斯身上，她认为这一切都是值得的。同时她也得到了，狄斯瑞斯把她看作是自己的主宰，他请求维多利亚女王封玛利安为贵族。因此，在1868年，她被封为毕根菲尔特女子爵。

尽管玛利安有时在公共场合表现得不好，但狄斯瑞斯从不批评她，当有人嘲笑她时，他就会立刻起来猛烈忠诚地护卫她。玛利安不是完美的，但三十年来，她从未厌倦谈论自己的丈夫，并三十年如一日地鼓励和呵护他，这使狄斯瑞斯诚挚地说："结婚三十多年了，她从来不使我厌倦过。"并说玛利安是他一生中最重要的人。玛利安则常常自豪地对朋友们说："他让我的一生都生活得很幸福。"

狄斯瑞斯说："你知道的，不管怎么说，我和你结婚是为了你的钱。"而玛利安则笑着回答："是的，但如果让你重新选择一次，我相信你会为爱情和我结婚，对吗？"他承认她是对的。

夫妻间要相互理解和信任。理解和信任不仅可为夫妻双方带来美满婚姻所拥有的欣慰感和安全感，还可使你享受婚后的自由，保持一个独立的自我，做自己愿意做和想做的事。"金无足赤，人无完人"，夫妻间都会有自己的短处。如果夫妻都只看到对方的短处，就会导致对对方的不满意，就会产生矛盾。如果看重对方的长处，就会使你产生满意感和心理平衡，要学会接纳并适应彼此的不同。

所以，想拥有一份甜蜜的爱情，想有一个幸福美满的家庭，就要记住：不要试图改变对方，要学着接纳并适应彼此的不同。

正像亨利·詹姆斯所说的："与人交往，如果对方没有严重影响自己，就不要阻碍他的快乐。"

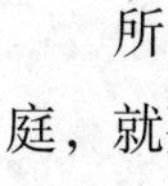

不要试图改变对方，要学着接纳并适应彼此的不同。聪明的男士们，你们记住了吗？

要记住的日子

结婚纪念日不仅是妻子的甜蜜，更是两个人的幸福。妻子收到的第一声“生日快乐”，一定要来自于你。

让我们先看一段女人的心事吧：

今天是我们的结婚纪念日，本来应该和老公一起出去游玩，体验与子携手的温馨，一起回忆共同走过的点点滴滴。但是现在却只有我一个人坐在电脑旁，寂寞地敲打着文字，为自己孤独的心找一个倾诉的对象。因为老公已经将这个重要的日子忘得一干二净了。

在别人眼中，我和老公的婚姻简直就是一个传奇故事，因为我们两个是异地恋，但是距离并没有成为我们感情的障碍，我们依然深深地相爱。但是，我的父母不同意我们的婚事，为了让我和老公分开，他们用尽了一切办法，甚至要和我断绝关系，但是我并没有妥协。没有花前月下的牵手，也没有朝朝暮暮的缠绵，我们鸿雁传书，表达着彼此的思念，很温馨、很甜蜜，我那少女情怀在一个个滚烫的文字间舒展。那一年的 7 月 5 日，我放假，老公打来了电话，说择日不如撞日，我们结婚吧。我收拾了简单的几件行李，在几个朋友的相送下上了火车。就这样，我们结婚了。没有张灯结彩，没有大吃大喝，连个喜字也是在火车站旁买的贴到了墙上，我们就把老公的单身宿舍布置成了新房。婚后我每天缠着老公给我讲故事，教我下棋，就像一个孩子一样。在晚上我们比赛唱歌，看谁唱得多，于是楼道里随时都会响起我们的歌声。当时，很多邻居都很羡慕我们，虽然有一点儿吵他们，但是他们都理解，经常对我们说："看你们小夫妻那幸福的样儿。"那一段日子，充满了浪漫与温馨，是我一生中最幸福的时光。

结婚两年后，我们都感觉到总是两地分居不好，于是，老公"费了九牛二虎之力"，将我调到了他的身边，我们终于可以天天生活在一起了。可人就是一种奇怪的动物，两地分居的时候整天整天地想，可是真的天天在一起了，慢慢地却没有了那种激情，我们开始有了矛盾。后来女儿就出生了，我们都转移了很大一部分感情在女儿身上，两个人之间的话题越来越少。为此，我很苦恼，还偷偷地哭过，但是朋友都说："都做妈妈了还那么激情啊，婚姻都只有一个走向，就是柴米油盐酱醋茶，哪有一辈子全都轰轰烈烈的啊。"也许是觉得朋友说得有道理吧，我开始慢慢地习惯这种平淡，但是无论怎么样，我绝对是不会忘记我们的结婚纪念日的，老公也说过他永远不会忘记那一天的，那一天，一个一无所有的他在一个不算婚礼的婚礼上娶到了我，娶到了带给他终身幸福的我，他会用一辈子的时间来弥补婚礼的简陋。

可是，去年的时候，他忘记了这个如此重要的节日，是我给他发短信后他才想起来的。今年，他又忘了，我真的不想再发短信提醒他了，我不想要一个乞求来的节日。其实，我是多么盼望他能够记得这个节日，盼望他给我发个短信，给我一声祝福，哪怕只有一句“我爱你”也够了，可是手机静静地躺在那里，静静地……我真的想说：老公，你不应该忘记这样一个重要的日子。

如果你了解女人，就会知道细心的女人往往会记得一大堆日子。而这其中最为重要的，莫过于结婚纪念日和女人的生日。

对于结婚纪念日，男人的看法和女人的看法是完全不一样的，男人认为那些所谓的重要的日子，也只不过是平常的 24 小时，只是因为 N 年前两个人结婚了才让大家记住了男人应该为这个家多做点儿实际的，比如多挣钱。但是女人完全不是这样想的，她认为每个结婚纪念日的点点滴滴构成了两个人爱的见证，她喜欢这种幸福。

这就是女人与男人的不同，女人只有依靠感觉，才能真真切切地活下去。

女人是感性的，结婚纪念日对她来说，不仅仅是那 24 小时，更是每一年和爱人点点滴滴幸福的积累，是和丈夫一起回忆过去美好时光的时刻，是平淡生活中的激情。男人，无论如何也不能忘记结婚纪念日。

陈枫出生在农村，自小对生日的概念看得不是很重，但是每当在妻子黄朝过生日的时候，他总会问妻子需要什么样的礼物。大部分情况，妻子总是说：老规矩。

什么样的规矩呢？

陈枫与黄朝是高中同学，还是前后桌。当时陈枫对黄朝有好感，但是还没有到早恋的地步。后来两个人在同一个城市读大学，断断续续地互相通信。

大三的一天，黄朝突然给陈枫短信，说要他陪她出去玩。那天下着毛毛小雨，刮着一阵阵的风，很阴冷，陈枫本不愿意。但是，毕竟不好驳这位有好感的女孩儿的面子，反正也好多天没有出去了，就答应了。黄朝穿着一件薄薄的墨绿色罩衫，而陈枫还是一贯的那副瑟瑟发抖又不肯多穿衣服的狼狈相。这样两个人结伴而行，陈枫不愿远行，想准备转一圈完成任务后回寝室钻进被窝，就提议到离学校非常近的植物园。黄朝愉快地答应，说到哪里去都一样，只要能和他在一起。

陈枫喜欢摄影，黄朝让他带上相机，要拍几张照片，没想到陈枫硬是没有带。

那天，黄朝玩得很开心，笑声回荡在山林里，一遍又一遍，直到黑夜突然降临，两个人穿过了植物园，在公交车站边上的一处栅栏下坐了下来。可是等了很长时间都不见公交车过来，又累又饿又冷的陈枫不禁后悔起这次出门，抱怨了句："坐这儿，简直是受罪。"然后把脸扭了过去，因为他看到了黄朝的伤感，不忍和她的目光相碰。突然，他感觉到一只温暖的手抚过他的脸。黄朝站起来，把陈枫的头埋在她的胸前，附在他耳边说："今天是我的生日。"陈枫的心颤了下，他虽然很喜欢这个女孩儿，却根本就没问过她的生日。

陈枫什么都没有说，拉开黄朝的手就往回跑，嘴里喊着："等我回来！"他跑到了四站地之外的宿舍，拿了相机又跑了回来。他要为她留下这时刻的照片，不管多冷，今天要陪她。黄朝看到大汗淋漓的陈枫手里拿着相机跑回来，明白了他的心思，顿时泪流满面。这天晚上，陈枫为黄朝拍了几十张照片，那件薄薄的墨绿色罩衫将黄朝映衬得更加好看。大学毕业后，他们顺理成章地结为夫妇。

于是，每次黄朝生日，陈枫都会陪黄朝来到植物园，而黄朝也会穿上那件墨绿色罩衫，他们会拍好多照片，这已经成为了他们的“老规矩”。

女人本就是感性动物，她们更易于感动，能和丈夫共同分享生日快乐是妻子求之不得的礼物。男人也许会在很多时候给女人买礼物，甚至会买很多价值不菲的贵重礼物，但是这些礼物加起来也不及在她生日那天送一个礼物。其实女人要的是那份生日礼物中蕴含的男人的那份关爱，那份幸福。

如果你了解女人，就会知道细心的女人往往会记得一大堆日子。而这其中最为重要的，莫过于结婚纪念日和女人的生日。各位男士，一定要记住你和她的那一天哦！

第六部分

男人是用来捧的，女人是用来宠的

做个“哄骗”女人的“大内高手”

世界上的女人，美丽的、温柔的、聪明的、可爱的……可无论什么类型的女人，期待被疼爱的心情都是一样的。所以她们等待着一个男人的出现，等着这个男人来疼。

看到一个故事，说是几个朋友在一起聊天时，有个男人抱怨老婆诸多的任性乖决，最后哀叹：天哪，我真搞不懂女人。

另一个男人气定神闲地微笑道：女人娶来是用来宠的，不是用来懂的。

不禁为这个男人喝彩——他深谙女人的心理。女人的心思男人别猜，只要宠她、疼她，她就会一辈子跟着你，不离不弃。

每个女人都希望在平凡的生活中被呵护，被宠爱，男人温存的点点滴滴一定能让她闻到幸福的芳香。其实女人要的幸福很简单，男人只要耐心地对你的女人好，不需要如火山一般火热，也不需要如海浪汹涌，细水长流就足够让她幸福一辈子。

是的，有的时候，爱意是在不经意间流露的。可能男人自己没感觉，可是女人却一字一句地记在了心底，她们会用更多的爱来回报你。男人不妨尝试着休息的时候抢过她手里要洗的衣物；天气好的时候带她到公园散步；睡觉前给她讲讲公司里、回来的路上看到的有趣的事情；偶尔耐心倾听女人讲的事情，这样，她会觉得很幸福。

可惜很多时候，男人不懂得这个道理，不懂得在女人过马路时牵住她的手，不懂得在女人做家务时帮个忙，不懂得在女人疲惫时张开温暖的怀抱……当女人感受不到这些时，她会对爱产生怀疑，甚至选择离开。

有个女人，对自己的男人很好。男人觉得有人这样无微不至地照顾自己是件很惬意的事情，可后来，女人就离开了，在男人不经意的时候。

男人找到自己的友人倾诉："你说，我哪里做错了？她要什么我给什么。我这么爱她，她为什么就走了呢？"

友人安静地听完，未置可否。两人从咖啡店走出来，过马路时男人瞅一个空当便快步跑到对面，向车流这边的友人招手说快啊。

友人有些无奈地笑了："你过马路时一定比女人快。"

男人奇怪："你怎么知道？"

"我还知道，女人在刷碗扫地的时候，你一定是在悠闲地看着电视。"

男人沉默了，似乎明白了什么。

无论什么类型的女人都是想要男人疼的。女人的要求很简单，只是一句甜蜜的安慰，或是过马路时紧握着的手。男人，要用心来疼自己的女人，这样才会更幸福。

女人的感性决定了她们对于男人的每一次宠爱都会深刻的感悟，她们会因为男人的宠爱而感恩，然后再怀揣着这样一颗感恩的心去面对尘世。女人，包括那些外表坚强的女人，内心也都是柔弱的，她们也是需要男人来关注、呵护的。她可能不会在乎你买了多少东西给她，但却会永远记得你那体贴的话语、关心的眼神。

其实，女人期待的那种好，是件很简单的事情。因为她们只希望自己的男人不要因为忙碌而忘记她的生日，想听他在耳边说：“宝贝，你快乐吗?”她只希望做家务累的时候，他能送上一杯水说：“宝贝，歇会吧。”她只希望害怕或者孤独的时候，男人在身边搂着自己的肩膀坚定地对她说：“别怕，有我……”

男人，要用心来疼自己的女人，这样才会更幸福。爱意是在不经意间流露的，可能男人自己没有感觉，女人却一字一句地记在了心底，而且她们还会用更多的爱来回报你。

不要吝啬说“我爱你”

人往往在恋爱的时候表现出自己最好、最优秀的一面，而一旦结婚，所有的这些都会变得不再长久，自身的弱点、个性的缺点，全部暴露了出来。所以，只要是个聪明的男人，婚前婚后都应该表里如一，即使什么时候出了差池，也应该有个合理的解释，能够自圆其说，嘴巴都是很甜的。就像赵本山说的：“这家伙含糖量很高啊！至少四个加号！”我们当然没有办法用几个加号来判断一个男人的嘴巴到底有多甜，但是可以相信的是，要想生活一直保持幸福，嘴巴必须甜一点。

我们这里所说的嘴巴甜一点，不是指随意编造一些并不存在的甜言蜜语，而只是要将心中的爱意说出来。

他是一个标准的“钻石王老五”，倾慕他的女孩儿甚至可以编成一个排。但他却没有接受她们任何一个的深情厚谊，因为在他的心中只有她一个人。

平时潇洒的他在对待感情这件事上是十分羞怯的，暗恋了她一年，除了经常帮助她做事，聊一些无关痛痒的话题外，从来没有告诉她自己的真实感受，这种相当融洽的相处方式他就非常满足。直到一个自称是她男朋友的男人到公司来接她下班的那一天，他才追悔莫及地骂自己：“为什么我没有对她说过

‘我爱你’，没有向她表白过我内心的想法呢？”

现实生活中类似的例子可以说是不胜枚举，这种情况总是以遗憾的结局告终，没有一个让人舒心的结果。但是也有相当一部分人，因为说出了自己心中的话而幸福地生活着，苏洪就是其中的一个。

“哇！你今天这件衣服真好看”、“咦，老婆越来越有女人味了”、“呀，最近用了什么护肤品，感觉老婆越来越漂亮了”……在苏洪的家里，经常会听到类似的赞美话语。有那么点夸张，可对听的人来说却相当悦耳。苏洪是个退伍军人，现在在一家保安公司上班。妻子阿眉是一家银行的职员，每天早出晚归。苏洪夫妻结婚三年了，从来没有见到夫妻之间吵过架，邻居们都说这两口子真是不错。

当初，苏洪开始追求阿眉的时候，阿眉家人坚决反对，认为苏洪有点儿油腔滑调，不可靠。后来还是在阿眉的坚持下才终于结婚，婚后两人的感情一直很好。当有人问起为什么他们夫妻的感情能够一直保持这么好的时候，苏洪偷偷地一笑：“为什么？其实我也没有什么特殊的本事，只是我结婚前对她什么样，结婚后也还是什么样；结婚前跟她说什么，结婚后还跟她说什么罢了。”

爱她就要告诉她，这是我们主张的一种观点。为什么？其实很简单，任何感情都是由感觉引起的，而语言是造就感觉的最直接工具。自己明明对一个女子有着深厚的爱，但就是无法将它说出来，很多人还把这看作是男子汉的自尊和深沉。而事实上在爱的表达上有困难的人，不光在寻找伴侣的过程中存在着许多困难，在以后的爱情生活中，也会出现很多的波折。因为不会表达，可能会产生很多误解，会让生活凌乱不堪。

恋爱的人往往会在表达的时候产生问题，这往往是由于他内心深处的怯意，害怕一旦自己表达了爱意，会遭到对方的拒绝。

有相当一部分人害怕说“我爱你”的原因是：在他生活的环境中，没有得到足够的爱。在他封闭自我的天地中，不敢放开自己，没有尝过爱的滋味，当然他就不知道怎样去爱别人，害怕一旦付出后，会得不到结果。

一位心理医生讲述过：他经常会见到在爱的表达与接受上，仍然停留在儿时痛苦往事里面的人。他们只敢在旁边偷偷地欣赏别人，偷偷地期待、盼望，因为成长的经验告诉他们，这样的盼望往往会落空，所以在他们长大之后，也只能静静地在一旁幻想、盼望，根本不敢主动表达自己的内心感受，尤其是心底的那份爱意，会带给他强烈的不安感。

除此之外，还有不敢用语言表达爱意的人是因为觉得用语言表达很不自然，好像这不是他惯用的方式。他比较习惯用行动、动作或者其他的方式来表达感情，例如送礼物、拥抱等。尽管这种行动的表示也很重要，但在爱的世界里，语言是一种极为重要的工具，没有语言表达的爱是暧昧的、不明朗的，尤其是对于恋爱中的人，如果你不说，女人往往没有这样的自信确信你爱她。因此，语言是一种最简单和最直接的沟通方式，舍弃这种方式的表达，而代以其他的方式，只会让相爱的人感到辛苦。

人们不敢把自己的心里话说出来？这实际上涉及一个信息传播学方面的原理，交流是两个信息元之间沟通下去的必要条件。在传播学中，两个传播源之间的沟通大致可以通过以下的形式进行：传播者—信道—受众—信道—传播者。信息从传播者开始，最终还要回到传播者那里，这就是我们平时所说的"反馈"。人们往往是因为害怕得不到反馈而不敢把自己心中的想法说出来。但是生活有时候就像一面镜子，当你给生活充满情意的一面时，生活给你的，往往也是相同的内容，甚至反馈得更多。

在爱情生活中，有些人的反应往往要比其他人慢上半拍或者几拍，于是这些人得了个不怎么好听的外号：呆头鹅。

她告诉他说："我今天扫楼梯时差点儿从楼梯上摔下来。"本来以为他会安慰说："亲爱的，以后小心点儿。"可他却语气不佳地说："这么笨，扫慢点儿不就得了。"听得她很伤心。

她告诉他说："我的车子坏了，走了半个小时才到车站。"本以为他会关心地说："你怎么不坐出租车，累坏了吧？"但他却说："反正很近，你也顺便减肥了。"伤心又加一层。

她告诉他说："我想去北海道、荷兰等地，欣赏那一大片壮观的花海。"本以为他会兴致勃勃地说："你想去哪儿，我们来计划计划吧。"即使敷衍几句也好。可他却说："真无聊，花大把的银子去那种无聊的地方。"听他语气，似乎在他心里，钱比她的兴趣要重要得多，听得她十分难过。

她告诉他说："我今天要跟朋友出去玩儿，晚上会晚点儿回来。"本以为他会关心地说："跟谁出去呢？小心点儿，太晚了记得打个电话回家，我接你去。”但他却说：“随便你，你高兴就好。”她在他的语气里感觉不到真切的关怀与在乎。

她告诉他说：“我‘好朋友’来了，肚子好痛。”本来以为他会安慰说：“忍一忍，一天就过去了。”但他却说：“女人真是麻烦。”她开始怀疑自己当初到底看上了他什么。

她告诉他说：“我真高兴嫁了你，你是最好的老公。”本来以为他会开心地回答：“我也是这么觉得，你是最好的老婆。”但他却说：“嫁都嫁了，你还想怎样？”听的她心里“拔凉拔凉”的。

故事的结局我们不知道是什么，但相信如果男主人公还是一直这样呆头呆脑、执迷不悟的话，后果一定不会很圆满。

当爱情生活刚刚开始的时候，几乎所有的人都会毫不吝啬地称赞对方，那或许都是真心的赞美，或者也有一些为达目的的逢迎，但对听者来说无疑都是很受用的。但是随着岁月的流逝，生活中的一切都归于平淡的时候，男人女人心中的热情也将被慢慢地消磨下去，许久以后突然想起点什么再刻意地去赞美，也许会被认为是有事相求、虚伪的表现，那就弄巧成拙了。

其实，想让感情生活丰富、充满情趣是用不着花太多心思的，只要多一点真心，多一点诚意，不做呆头鹅，一切都可以变得很好的。

在王家卫的电影《东邪西毒》中，欧阳锋爱上了一个女人，但是因为自己一直不愿表达，最后这个女人嫁给了他的哥哥，成了他的嫂子，欧阳锋终于离开了白驼山庄。在影片的最后张曼玉扮演的欧阳锋嫂子一身红装，在镜头前幽幽地诉说：“明明喜欢你，偏偏不说出来。那么骄傲，他以为一定是他的，我偏偏不让他得到。”

王家卫的电影很独特，其中表达的意思当然不仅仅只是这些，但是如果真的用心去揣摩的话，其实就是告诉人们：心里爱着就及时地表达出来，错过了也许就是另一番天地，后悔也来不及了。

欧阳锋是不可学的，他不是一个好榜样，至少在爱情上不是一个好榜样。上帝用语言创造了世界，同样，我们也可以用语言创造自己的爱情。

结婚后，别让爱情成为文物

爱要说出口，生命中有些事情错过了一瞬间，也就可能错过了一辈子！年少时没能说出的话，也许要凋零了你的一生！在爱情里，别为了可笑的面子而失去自己一生的幸福！别跟自己过不去！爱就是要说出来！

爱就要说出来，请不要再徘徊。爱情来的时候并不是一种意外，爱大声说出来，请不要再等待，等待只会让你更加无奈。

曾经听过一个《别让我们的爱情成为文物》的故事。故事讲的是有一对恋人，结婚前，他们买了一大堆的东西来证明他们的爱。可是结婚后，两个人时常争吵，一次，为了一件小事两个人竟然谈到了离婚。于是丈夫离家出走。

在丈夫离开的几天里，为了打发难熬的寂寞，妻子来到附近的博物馆，一位老人看她凄楚的样子，就给她讲了一个故事，是她自己的亲身经历：两个人一起毕业回国工作，丈夫考古，她教书，两人相亲相爱，但她总是抱怨丈夫对她关心太少。后来丈夫意外身亡，留给她一个大皮箱，里面整整齐齐摆放的都是他们的爱情：题诗的红叶，纤纤玉照……然而它们都成了爱情的文物。妻子辞别老人回到家中，丈夫已经悄悄回来了。妻子扑到丈夫怀里哭着说："别让我们的爱情成为文物！"

相爱的时候，两个人都以为他们的爱情是坚不可摧的，可以经得起生活的考验，敌得住时间的摧残。可是，许多年后才发现他们错了，原来再轰轰烈烈的爱情，都会在周而复始的生活中，在柴米油盐的琐屑里，被似水的流年冲涤得平平淡淡。于是，那些曾经记载着他们爱情的信物，因为失去了爱的滋养与呵护，逐渐成了浓缩着爱情记忆的文物，一件件地陈列在那里，让收藏着这爱情文物的人，形只影单，空余感叹。

婚姻当中往往会错过很多珍贵的东西，比如爱情。这并不是说没有爱，而是相爱的人没有勇气表达出自己心中的爱。爱不仅仅需要一颗真诚的心。更需要大胆的表达。为了表达你的心，爱就必须说出口。

有人形容说，爱情就像你在书店看中了一本书，很想把它买下。可是那时身上带的钱不多，所以想过些日子再来买吧。然而等有钱后，又心想等到有时间再去买吧。到最后终于决定去买那本书的时候，书已经不在书架上了。也有人比喻说，爱情有时候就是一件商品，喜欢就要及时地把握，一件好的商品往往是供不应求的，假如你不趁早买，就是给别人一次机会。到最后，这商品也就不是你的，只能眼睁睁地看你所喜欢的商品成为他人的，后悔不已。

所以，爱情就是，既然你有心仪的对象，就应该好好地把握，大声地说出你的爱。不管对方到时候是否能接受你，但至少你是说出了心中的爱，至少让对方知道了你的爱。

小梅在一家外贸公司任职，她的工作非常忙碌。在拥有骄人业绩的同时，小梅也拥有着非常幸福的婚姻生活。究其根源，是她体贴的话语起了很大的作用。她的手机备忘录里收藏了非常多的内容。例如，丈夫的生日、两人第一次约会的日子、结婚纪念日、搬进新家的日子、丈夫第一次升职的日子等，都被她作为备忘记录存在手机里。当那天来临时，她会给丈夫发个“温暖牌”短信。在下班回家时，她会给丈夫送上一个小礼物或做上一顿可口的饭菜，两人共同庆祝。

现代社会，夫妻都有自己的工作，对家庭的投入会相对少很多，可有很多关键的日子或时间是不能够忘记的。在结婚纪念日那天，像故事中的小梅那样，给亲爱的他送上一份小礼物或是一句“节日快乐”，相信他会喜出望外，根本无须跟在丈夫身后，时时刻刻提醒他记住你们的结婚纪念日。一句真诚而动听的语言更能表现你对他的关爱之情，让你的他备受关爱的感动。

爱一个人就是要把爱说出来，如果只是像歌里唱的那样“爱你在心口难开”，则结局不会太乐观，留下的只能是遗憾。

温柔善良的红和退伍的伟走进了婚姻的殿堂。虽然生活拮据点儿，但他们过得很幸福。可是一天晚上，红受了委屈，哭着跑了出去。外面风雨交加，漆黑一片，一股怒气在心头。第二天，红的电话一直响个不停，可是她都没接。后来，她收到了一条短信：别生气了，我昨晚一夜未眠，很担心你，只是你知道的，我不善于说一些好听的话，但你相信我，我是爱你的，你快回来吧，我很想你。

当时，红的眼泪像断了线的珠子流个不停，似乎受了莫大的委屈。晚上见到红时，伟感到有点儿尴尬和害羞，似乎长这么大都没说过那些贴心的话，但当他看到红的态度一下子转变了，不跟他怄气了，还是非常高兴，觉得再尴尬也值得了。

婚姻中的双方千万不要吝啬开口，因为开口表达出你的爱能够拉近夫妻间的距离。珍惜彼此，就要让双方都知道彼此的心意，所以，爱一个人就要经常表达出来，而不是把爱放在心里。

一个会心的微笑，一个深情的拥抱，都会让爱人感受到你的爱意。爱情，更不应有所保留，而应该常驻在彼此的心间，像不竭的甘泉，与时间一起流动，与岁月一起沉积，浓缩成爱的精华。

别让爱情成为文物，就要对你所爱的人，随时表达你的爱，与你所爱的人，共同珍惜你们的爱。别让爱情成为文物，就要好好经营拥有的爱情，给爱情注入新鲜的活力。

爱不仅仅需要一颗真诚的心，更需要大胆的表达。为了表达你的心，爱就必须说出口。

在她最需要你的时候给她爱

相信不是每一个妻子都会坦承自己有脆弱的时候，逞强是有的女人一贯的作风，脆弱只有背着丈夫独处时才有可能出现。而有的女人把事业当作生命，由此这类“女强人”在事业上也最容易脆弱。例如当一个女人事业心非常重，但遇到职场挫折便会像泄了气的皮球一样，一蹶不振，此时就是这类女人最脆弱的时刻。又例如当一个女人视爱情至上，当她失去爱侣时便是她最脆弱的一刻，因为她一向依附寄托的东西突然之间失去，心灵像失去了一层保护膜或支撑点，赤裸裸地呈现出来，孤单落寞，甚至崩溃。

女孩儿每天临睡会关掉手机，然后把它放在写字台上自己的相架前，这个习惯从买了手机的时候就这样保持着。女孩儿有个很要好的男朋友，两个人不见面的时候，就打电话或发短信，大家都喜欢这样的联络方式。

有一天夜里，男孩儿很想念女孩子，电话打了过去对方却关机，因为女孩儿已经睡下了。第二天，男孩儿对女孩儿说："以后晚上不要关机，好吗？我想你的时候找不到你，心会不安。"

从那以后，女孩儿开始另一种习惯——整夜都不关机。因为害怕他打来电话的时候，自己会因睡熟而听不到。于是，女孩儿夜夜都很警醒，人也日渐消瘦。然而，慢慢地，两个人之间还是出现了裂痕。女孩儿很想挽回即将分手的局面，便在一个深夜里给男孩儿打电话，回答她的是很好听的女声：Sorry，你所拨打的电话已关机（其实，那天晚上男孩儿的手机电池没电了）。

于是女孩儿知道，她的爱情也已经关机。

很久以后，女孩儿有了另一场爱情。即使两个人在一起的感觉非常好，但女孩儿怎么也不肯嫁。因为女孩儿的心里还是会想起那个男孩儿的话和那个关机的夜。女孩儿还是保持着整夜不关机的习惯，只是不再期待它会响起。

一天夜里，女孩儿身染急症，慌乱之中把本想拨给父母的电话，却拨给了这个男孩儿，这个男孩儿没关机。没过几天女孩儿恢复了健康。

后来女孩儿问男孩儿："为什么深夜还开着手机？"

男孩儿说："我怕你夜里有事情找不到我，会心慌。"

女孩儿最终嫁给了男孩儿。

任何一个女人，都需要在情感上得到支持，即使所谓性格倔强的女人也是如此。在困难时刻，更需要从丈夫那里得到支持。在家庭中，做丈夫的应该记住，许多家庭的幸福，都是由于丈夫善于说恭维或关心妻子的话，因为女人喜欢听。即使是事业型妻子，也会心甘情愿对不那么高明的奉承做出响应。因此丈夫要学会鼓励妻子，尤其是妻子最脆弱的时候。

丈夫应该怎样鼓励妻子呢？

（1）生活中丈夫要给妻子以鼓励

自古以来，男人在家庭中都占有主导地位，这是不能否认的，之所以有家的存在，这是因为家是由男人和女人组成的，而男人又不可避免地扮演了家庭中生活中的顶梁柱。许多妻子为了丈夫的事业成功，甘愿放弃了很多本该属于自己的精彩，给予丈夫默默的支持。所以男人更要学会在生活中给妻子自信，让妻子能够得到些许欣慰。例如，你可以做一餐极为简单的饭菜，不要只是一个微笑了事，给妻子一个紧紧的拥抱，告诉她这是你对她的感谢。你主动擦一次地板，并送上深深的一个热吻，告诉妻子这个家是两个人的，你愿意把这个家变得更美好。要妻子知道自己在这个家庭中永远是必不可少的。学会给妻子奖励才能使你们的家变得幸福。

（2）事业上女人需要丈夫的鼓励

事业对有些女人可以说是极为重要的事情，面对这类妻子，丈夫要学会在事业上给她们自信。女人事业如意了，不要泼冷水，恭维的话是必须的，让妻子能在你的支持下更上一层楼。女人事业失败了，不要冷嘲热讽，不要埋怨唠叨，鼓励的话是必要的，让女人能在你的支持下从逆境中走出来。

有责任心的男人是懂得给妻子鼓励的男人，知道在她脆弱时候需要你宽广温暖的胸怀，“温柔的抚摸”，给妻子以支持和安慰，把握并珍惜彼此间的爱。

她的唠叨，不管你烦不烦，反正我是烦了

有这么一个笑话：丈夫对朋友抱怨："你不知道我老婆爱唠叨到了什么程度。去年我们一起去海边旅行，回来的时候，她的牙齿都晒黑了！"这虽然是个笑话，但相信妻子的唠叨，是每个丈夫都要面对的话题，很多家庭甚至因为"唠叨"的问题而产生了家庭矛盾，这实在有些小题大做。那么，丈夫在面对妻子的唠叨时，应该持什么样的态度呢？

丈夫首先要知道妻子为什么唠叨，正视她的唠叨，不要把唠叨当成一个很严重的问题或缺点，这只是大多数女人的习惯而已。女人喜欢唠叨和男人喜欢沉默是一个道理，没有必要因为妻子喜欢唠叨而感到心烦和厌倦，这也是对妻子的一种尊重。一般情况下，妻子的唠叨源于以下这几个方面：

女人比男人爱唠叨，这是公认的事实。科学研究表明，女人的平均寿命普遍高于男人，很大程度上是因为她们爱唠叨，唠叨其实也是一种发泄的方式，能及时释放心里的压力，把不愉快的事说出来，从而减轻精神负担。而男人总是把话憋在心里，久而久之，就会影响健康。由此看来，丈夫不仅不该反感妻子的唠叨，甚至还应该向妻子学习，排遣掉自己心中的郁闷。基于唠叨是女人的天性，只要妻子的唠叨不过分，不影响正常生活，丈夫就要尊重妻子，不要对她的唠叨表现出不满或

指责。

丈夫的忽略。如果丈夫发现在某段时间里，妻子的唠叨格外多，而且唠叨的话语中总是夹杂着对丈夫的不满，这时丈夫不该轻易发怒，首先应该检讨一下自己：你是否一直在忙自己的事，没时间顾及家庭和妻子？你们是否很久没有交流了，也没有一起度过一段时光？你是否让她觉得孤单，觉得自己被忽略？如果真如此，妻子的唠叨完全是有理由的，你就要向她道歉，给她安慰，告诉她以后不会再发生这样的情况了。

生活在男人和女人面前绝对是不同的，女人眼里的生活更繁杂、琐碎和细致。妻子必须把很多事情放在心上，有序地安排好，如果你的妻子兼顾着工作和生活，她会有更多的烦恼和压力。唠叨是她最便捷的发泄途径，把心里的烦恼说出来，即使得不到解决，也会使情绪有暂时的缓解，让心透透气。丈夫要清楚这一点，很多唠叨并不是针对你的，而是妻子缓解压力的方法，不要刚一听到就阻止、反驳，要尊重、体谅妻子的心境。此时妻子的心情不好，一旦丈夫的抵触情绪过于激烈，争吵就一触即发了。

一天，赵某和李某在一起闲谈。

赵某说："我那个老婆每天总是因为鸡毛蒜皮的小事跟我唠叨个不休，不是嫌我不洗脚，就是怪我不洗碗，真是烦死了。因为小事吵来吵去，哪天肯定得离婚！"

李某听了，也深有同感。但李某说："虽然我的老婆也在这些小事上唠叨，但我可没怪过她。你想啊，找老婆干啥？还不是想找个人做伴、说话、管自己吗？咱们每天在外边跑，半夜三更才回家，老婆有话没处说，当然要唠叨了。她跟你唠叨，说明她依赖你、信任你，她怎么不去马路上和路人唠叨呀？告诉你一个绝招：听老婆唠叨就当是在听小鸟唱歌，时间长了，听不见她唠叨还寂寞呢。”

丈夫李某的心态就很好。除了良好的心态，在面对唠叨时，好丈夫会给妻子充分的尊重和体谅，静静地听她把话讲完，适时地给她安慰和建议，不要打断她或表现出不耐烦的情绪，这种反应可能会伤害到你的妻子。生活中的种种问题，不可能一下子全都解决，在寻求解决办法之前，妻子会把自己遇到、想到的事情理一遍，谈到伤脑筋的事她会心烦，谈到感人的事她会轻声细语，谈到兴奋的事她会笑出声来。如果你能尊重她的心情，照顾她的需要，那么你的妻子会觉得自己很幸福，认为你是个好丈夫。你能够感觉到她什么时候宣泄够了，因为这时她会深深叹一口气，还会对你说：“这世界上你最了解我了”，即使你实际上并没有用心思考她说的那些话，但是你的态度肯定会让她的心情好起来。

丈夫们通常都抱怨自己的妻子唠唠叨叨，没完没了。他们弄不明白妻子想说的是些什么，觉得莫名其妙，于是对妻子的话充耳不闻，或者干脆抱怨妻子太过啰唆。不妨设想一下，如果在你的生活中有些事情在不该结束的时候戛然而止，你会作何感想？倘若你的美餐吃了一半就被人拿走，你会怎样？倘若你正在看球赛，终场前五分钟电视机被人关掉了，你又会怎样？你会好受吗？你不会感到生气或沮丧吗？你不会认为那个人对你缺乏尊重吗？倘若生活中老是遇到这种情况，你会压得住心头的怒火吗？

妻子这时的感受和你是一样的，她想跟你谈心，却不能把心里的话说完，也是一样的感觉，她的自尊心会受到伤害，她也会感到窝火和恼怒。这样所导致的直接后果是一次次的争吵，或她以后不想再跟你交谈，夫妻感情因此会受到影响。

面对妻子的唠叨，好丈夫应该给她必要的尊重和体谅。其实你只要耐心一些，每次花上一点时间听听她的话，她就会舒畅一些，你们的生活也会更美好。

面对唠叨时，好丈夫会给妻子充分的尊重和体谅，静静地听她把话讲完，适时地给她安慰和建议，不要打断她或表现出不耐烦的情绪。

沟通，架起幸福婚姻的桥梁

婚姻，是个绵长的过程。在这个过程中，人性的所有弱点都有可能凸现，人生所有的荆棘都有可能布满，这需要婚姻中的双方共同面对，付出努力，精心耕耘。而面对的最基本的东西，所需要的勇气、动力，来源于双方的沟通。因此，沟通是婚姻最好的润滑剂。夫妻双方只有很好的沟通，解决生活中的一些摩擦，让婚姻生活更加和谐，婚姻的车轮才能滚滚向前。

沟通一直是现代夫妻间不断强调的问题，而据一项有关婚姻方面的调查显示：对于现代大部分人的婚姻而言，最大的杀手不是婚外恋、生理问题和家庭暴力，而是双方对于两个人之间的沟通感到很无助。有些夫妻甚至后来已经到了无法沟通的境地，冷暴力存在于许多家庭中；有些夫妻用不说话的方式避免争吵，实际上这样的危害更大，不说话更容易加剧两个人之间的隔阂感、陌生感。

女人通常通过语言来感受爱，如果丈夫不与妻子进行语言上的交流，就会让她觉得你不关心她，无视她的存在，她往往会失望、伤心。久而久之，你们之间的感情就会出现裂痕，并有可能会造成她去寻找别人来获得精神上的慰藉。所以，只有通过语言上的不断交流，真正明白双方的想法，才能有互相融入的感觉，才能够互相信任。

据一项调查显示：夫妻双方对婚姻满意度最高的是小城

镇；对婚姻满意度最低的是大城市，其中北京、上海等城市夫妻双方对婚姻的满意度最差。造成这一结果的主要原因便是大城市的人工作和生活压力大，夫妻之间很少沟通。

所以，在婚姻生活中夫妻双方需要沟通，但具体如何沟通，用什么样的心态去沟通？沟通到底有哪些技巧？这是处于婚姻围城中的夫妻双方应该共同掌握的方法：

（1）沟通时夫妻双方要清楚具体目标（比如：婚外情问题、家庭暴力问题及婆媳关系等），且每次只解决一个既定的目标，就事论理，不要纠缠细节。

（2）沟通时，夫妻双方的语言、行为和内心应完全一致。

（3）沟通时夫妻双方注意不能使用绝对化语言、决定性语言及伤害对方利益性的语言。

（4）夫妻双方要善于读懂对方的肢体语言（比如：对方对吃饭、睡觉、洗漱及性生活等的示意）。

（5）爱要说出来，不要太含蓄。

（6）注意对方情绪、态度、选择合适沟通的时间和氛围。

（7）注意沟通技巧，专题讨论。不能抓住对方的缺点或一两句错话不放；要鼓励表扬对方，赞美对方；要针对具体事情谈，以事论理；不要蜻蜓点水、隔靴搔痒，要谈就谈深入，没准备好时最好不谈。

（8）当对方对一些问题表示沉默时，不要穷追猛打。比如，婚外情的细节、婚前性行为等。

（9）用积极的态度分析男方的所作所为，甚至缺点。比如，男方对事情的隐瞒，是怕伤害与女方的感情；男方愿意承担更大的压力，不愿让女方受委屈而隐瞒经济问题等。

一个家庭还会出现夫妻冷战及其他各种不和谐因素，或许男人还会一如既往地回家，在表面上看不出任何破绽。但在缺少了沟通和交流的情况下，冷漠是对女人最大的伤害，因此造成的裂痕会更加明显，导致出轨的倾向也会更趋强烈。

有的女人一旦发现丈夫有了情人，便首先将枪口瞄准第三者，并以极其污秽的语言进行谩骂攻击。其实这样的女人是最悲哀的，她首先要做的不是从自身角度分析：为何自己的丈夫会投向别人的怀抱？丈夫出轨自己有何责任？以后如何防止此类事件的发生？然后再从自己的丈夫身上找一找原因，毕竟这个男人是自己挑来选去、心甘情愿相守一生的男人。

不从自己身上找婚姻出现问题的真正原因，而一味地指责第三者的女人，可悲啊，要知道，这样你迟早会与其他前赴后继的第三者打交道。

当一个女人在婚姻里不懂得理解与宽容，并在原则问题以内的小事上做出适当的妥协时，那么你很可能会把自己的丈夫推向出轨的边缘，无论是精神出轨还是肉体出轨。在婚姻家庭里，在原则的问题上不能让步的前提条件下，宽容甚至妥协并不是关系到面子问题的大事，相反有助于家庭的和谐与美满，应该是婚姻家庭的常用润滑剂。

男人也是有感情的人，人们常说家是港湾，或许对一个恋家而有责任心的男人来说，家的内涵更为深刻。从目前的社会现实来看，大部分男人仍然承担着相对重要的责任，当然也更累。所以，家庭对这类男人来说，应该是温馨的、幸福的，男人需要妻子能够给予自己更多的体贴、关心和理解。

作为丈夫的你要知道，家是两个人的，精心呵护这个家也是两个人的责任。但作为男人，要多从自身角度出发，在维护自己婚姻与家庭的稳定和美满时要尽到自己的责任，千万别有意无意地把自己的女人推向出轨的边缘。

婚姻是一辈子的事情，要想家庭幸福，就一定要做好夫妻间的沟通。正所谓同呼吸，共命运，夫妻理应如此。有问题两人一起面对，有困难两人一起解决，真正做到夫妻同心，那事业一定会顺风顺水，家庭也一定会和和美美！

相互尊重，相敬如宾

尊重是爱情之花的温室，它为爱情提供了得天独厚的环境。尊重的含义很广泛，除了生活上的，还有心理上的。

张妍婚后不久就发现自己的丈夫袁强有个怪癖。每天下班回家后，袁强都会拿她的手机翻来覆去地看短信，并时常对短信上的一些内容冷言冷语地数落一番。她对此表示过抗议，袁强却对这一“爱好”乐此不疲。张妍觉得丈夫在“监视”自己的行动，侵犯了自己的个人隐私，这是完全不信任自己的行为。为此，夫妻关系进入了“白热化”状态。

无独有偶，从事边贸生意的李季与妻子也是因为类似问题感情出现危机的。李季常年在外跑，与妻子聚少离多，夫妻终于聚在一块儿了，他们不是互诉衷肠，从对方口里了解其最近的生活，而是喜欢自己调查、考证一番，矛盾也就从中产生。

李季的妻子总喜欢拿丈夫的手机研究一番，看一看打来的电话都是些什么人，丈夫又时常打电话给谁，而李季闲着无聊也是拿妻子的手机来翻看短信。刚开始双方都觉得没什么不妥。直到有一次，妻子在翻看短信的时候无意间删除了李季一条约定商谈业务的短信，致使他损失了很大一笔业务。李季气愤难当一怒之下摔门而去，夫妻俩分居达两个月之久后，两人才意识到这种习惯的负面作用。

几年前一部《手机》让所有看过的人都开始怀疑身边的人是不是都像严守一一样“有一说一”。因手机而造成感情破裂的例子可以说是不胜枚举，可还是有人明知故犯。那么，为什么人们会变成这样呢？根源应该还是对对方的不信任，也有可能是出于对自己的不自信。

信任的背后是尊重，如果失去了尊重，那么还谈何感情呢？

怎样才能让一份甜美的爱情长青不衰？应该是男女之间的相互尊重。尊重对方，是爱情幸福美满的基石。

当人们从两个独立的个体因为相互的爱恋而走到一起的时候，很多现实的东西必须要开始面对。

相信每一对男女开始恋爱的时候，都是渴望长久相处的。绝对没有人是为了分手才牵手。可是，为什么还有那么多人在不断分手呢？原因应该是多方面的，但最主要的一点是，双方或其中的某一方没有给予对方应有的尊重。

恋爱中的男女理应是平等的，但由于种种原因，两人之中有一个来主导生活，从而使爱情的天平失衡、倾斜，这也为爱情殿堂的倒塌埋下了祸根。爱情是两情相悦后的一份感动，是两个人经营的一个可以遮蔽风雨的港湾，并非是哪个人的战利品。所以要想经营好自己的爱情，就需要双方的相互尊重，爱情更需要民主。

这里所说的尊重，包括对自己的另一半以及对其家人、朋友的尊重。作为男士，既然选择了对方，就等于选择了她的一切。对对方家人、朋友的不尊重就等于对自己另一半的不尊重，因不尊重给对方及自己造成的伤害可能会相当严重。

有的人喜欢在人前批评自己的爱人，以此来显现自己在家庭中的地位。这些人都忽略了一点，人都是爱面子的，当着别人的面被批评，最容易挫伤自尊心，时间长了很容易影响夫妻感情。所以，要想夫妻感情好，聪明的男士都知道学会尊重对方，越是在人多的时候，越夸奖爱人，给足面子。等到只有夫妻俩在一起时，再向她提些意见，甚至进行严肃的批评，对方都会愉快接受。

如果两个人决定相伴一生，那么维系这种关系的关键就是对对方的尊重。

“举案齐眉，相敬如宾”。这应该是我们崇尚的二人世界的生活模式，不在于起居形式而在于生活态度。这种态度是值得我们学习的。

“相敬如宾”需要的是双方的平等，“举案齐眉”则表示对对方的尊重。当两个相爱的人住在了一个屋檐下，或多或少总会有些磕碰有些矛盾。如果这时都随意地排解心中的愁绪和不满，那会是怎样的情景？爱并不是包容矛盾的容器，容器终究会被装满，而平等和尊重才是对待生活的正确态度。

“相敬如宾”出自《左传》，说的是春秋时一个叫冀茵的人在田里除草，他的妻子把午饭送到田头，恭恭敬敬的双手把饭捧给丈夫，丈夫庄重地接过来，毕恭毕敬地祝福以后再用饭。妻子在丈夫用饭时，恭敬地侍立在一旁等着他吃完，收拾餐具辞别丈夫而去。

“举案齐眉”则出自于《后汉书》，说的是东汉初年的隐士梁鸿为躲避征召他入京的官吏，夫妻两人离开了齐鲁，到了吴地（今江苏境内）。梁鸿一家住在大族皋伯通家宅的廊下小屋中，靠给人舂米过活。每次归家时，妻子孟光备好食物，低头不敢仰视，举案齐眉，请梁鸿进食。皋伯通见此情形，大吃一惊，心想：一个雇工能让他的妻子对他如此恭敬有加，一定不是凡人。于是他立即把梁鸿全家迁入他的家宅中居住，并供给他们衣食。梁鸿因此有了机会著书立说。

当我们向往古人的美满生活时，往往忽略了自己身边的幸福。生活是一门艺术，既然是艺术，那就有不可复制的特性，从来没有见过哪个艺术品能够一式两份，即使是同一个艺术家也做不出完全相同的艺术品。

如果有人要问爱情的真谛是什么？

也许一千个人会有一千个答案。但是如果有人要问爱情的基础是什么，那么答案无疑应该是尊重。

尊重是一种态度，是一种认真生活、认真面对的态度。

尊重是一种胸怀，是一种深厚的涵养功夫，一种海纳百川的气度。

尊重是一种教养，很难想象一个没有教养的人会尊重别人。不管到什么时候，有教养的人，都是迷人的。

尊重还是一种爱恋，爱一个人，就应该从心底尊重她。这不是什么说教，而是实实在在的劝告。

女人很多时候真的需要男人的帮助，但是当这样的帮助成为了一种束缚之后，对女人而言也就成了一种包袱，避之唯恐不及。女人都有追求自由的天性，爱当然不是一味地放任，但是也绝不是可以操纵得来的。学会相互尊重，相互体谅，这才是最重要的。

安排再度蜜月，像热恋一样设计婚姻

许多家庭出现不和谐的现象，其中很重要的一个原因就是家庭成员之间缺少一种充满乐趣的相处机会。许多夫妇是双职工，不是忙于上班，就是忙于做家务。夫妻之间、父母与子女之间坐在一起好好聊聊的时间实在太少，缺乏交流沟通，感情就日渐淡漠。

爱情，在婚后需要加固，不能只吃恋爱阶段的老本。不时地回味热恋期，是婚姻牢靠的秘诀之一。夫妻一起去旅行散心，就是一种极好的加固方式。

有这样一个故事：

他和妻子结婚二十多年了，夫妻感情一直很好，这与他们夫妇经常一同外出度蜜月大有关系：他们有时特意不带孩子同去，而是夫妻同游，享受着二人世界，使他们这对中年夫妇仿佛又回到了热恋和度蜜月的美好时光。

在刚结婚的时候，他和妻子首次外出旅游，曾去鼓浪屿的一家情调温馨的旅馆小住数日，感受属于情侣间的甜蜜和浪漫。而就在去年这个季节，他们夫妇两人来了一次旧地重游，再次去鼓浪屿听海潮观日出，而且仍住在当初的那个旅馆。这样的再度蜜月，此情此景，让他们回味起热恋时的美好，使得夫妻之间的关系更加稳固，也更加有了保障。

婚姻家庭生活中要经历很多，从激情、浪漫的相恋走进婚姻的殿堂，朝夕相处的碰撞、柴米油盐的磨砺，让理想中的浪漫变成了现实平淡的生活。岁月的风霜带走了曾经的激情和浪漫。但是，现实的生活也给婚姻生活带来了无穷的爱的空间，给婚姻注入了源源的活水。婚姻是需要用心经营的，如果想要一个充满着幸福快乐的婚姻，可以安排一次度蜜月，回味热恋时候的激情生活，这样岂不快哉，也更浪漫。

一个周末，明有意地推掉了一桩业务，坚持同妻子一起去参加一个夫妻旅行活动。在工作人员的带领下，一行20人，一起前往郊区的一个宿营地。

晚上的集体大联欢，把这次活动推向了高潮。轮到明和妻子的初吻表演，当明准备吻妻子的时候，妻子把脸一歪，他的吻印在了她的左脸上。大家哄笑着说太不真实，一定要罚酒一杯。眼看众人的酒就灌过来了，妻子赶紧高声告诉大家："我给大家讲一个故事，然后再喝也不迟。"

"记得是大三那年的青年节，我在全校的朗诵大赛上获得了一等奖。虽然获奖的是我，可最高兴的却是明，因为那首诗是出自他的手笔。那晚，我们走在校园的小路上，途中，明想吻我，可我出于一个女孩子的羞涩，本能地把脸偏向一边，就在那一瞬，他的吻实实地印在了我的左腮上。所以，这真的是我们的初吻再现。"妻子的讲述，赢得了大家的掌声。

夜深了，明深情地对妻子说："晓雯，没想到你对我们的初吻记得那样清楚。都是我不好，忽略了你和女儿，以为结婚了，你就是我的私有财产了，彼此间不再需要客套和关爱。现在我明白了，爱情是需要滋润的。"明的泪水落在了妻子的脸上，融化了她的心。当帐篷外边蟋蟀齐鸣的时候，明把手伸过来，小指弯弯地套在了妻子的小指上，说："我们拉钩，让我们重新开始一场热恋!"那一刻，他们的幸福全都回来了。

夫妻生活久了，难免会有种不新鲜的感觉，但当你抛开一切家务，一切工作，和爱人一起出游的时候，你会感觉似乎又回到了热恋的时期。总之，这种经营婚姻的态度就像热恋般的心态。

在热恋过程中，我们往往会将对方的优点放大，而弱化甚至无视其不足之处。比方说，欣赏男友不拘小节的洒脱，而对他的粗心大意忽略不计；喜欢女友顺从乖巧，便对她的过分依赖包容不已。那么在婚后，我们也应该将恋爱时的宽容进行到底。所谓"睁一只眼，闭一只眼"，其实就是沿袭了热恋期的典型表现，这可是让感情天长地久的一大法宝。

热恋中的我们，往往是非常感性的，哪怕是点滴小事，都会被敏锐的感受力瞬间捕捉，于是滋生出异常甜蜜的幸福感。而婚后，这种幸福感受力便渐渐钝化了。其实，婚姻生活也布满了点点滴滴的温馨和浪漫，只要你用心体会。

热恋中的我们，总会千方百计地讨好恋人，希望能让对方喜欢我们，所以就尽力去展现自己的优点及魅力。而一旦结婚，我们便放松了这种积极的原动力。

例如，热恋时，每次约会都要打扮一番，而婚后就开始不修边幅；婚前每天接送女友上下班，而婚后就只想在家睡大觉……请试着用恋爱时的积极心态展现自己当时的优点，你会发现，经营幸福婚姻其实并不难。

热恋时，我们对每一次约会都期待不已，更会提早做好功课，精心策划安排，希望将每一次相处都化成彼此心中美好的回忆。婚后，每天抬头不见低头见，于是“约会”便成了过去时。

热恋时，我们所展现的这些特质都是甜蜜幸福感的源泉。其实，只有“爱情”保鲜，幸福才会长久。所以，请像热恋一样经营你的婚姻吧。

婚姻是需要用心经营的，如果想要一个充满着幸福快乐的婚姻，可以安排一次度蜜月，回味热恋时候的激情生活，这样岂不快哉，也更浪漫。所以，请像热恋一样设计你的婚姻吧。

找寻最佳回忆，让昨日重现

人们常说“忆苦思甜”，回忆往事的确能让人更加清晰地感受到现在的幸福。如果婚姻是一趟旅程，途中你们一定经历过难忘的事，看到过诱人的风景，这些过往也一定成为了你们记忆中最美丽的一页。

生活的压力偶尔会使你们心情欠佳，各种各样的牵绊也许让妻子觉得透不过气来。身为丈夫，可以适时地创造一些机会，和妻子重温一下你们走过的路，第一次见面时去过的茶馆，第一次携手走过的小路，第一次共同完成的晚餐，等等。关键是丈夫要拿出谈恋爱时的热情和主动，用心安排，让这一幕幕重新上演，重逢记忆里华彩的瞬间。偶尔的故地重游、鸳梦重温，使疲惫的心从繁忙的生活里逃出来，享有片刻的轻松。这样的回忆使你们重新燃起久违的激情，对已经进入常态的婚姻生活起到促进、更新的作用。

汤姆和安结婚五年了，为了给妻子安一个惊喜，汤姆决定在他们度蜜月的家庭客栈举行结婚周年庆。那是个庄园式建筑，就像《飘》里描写的那样，这部小说和改编的电影都是安的最爱。汤姆事先与客栈的主人进行了多次商谈，务求一切安排都能像当初一样。

那一天终于到了。当安被丈夫带入庄园的那一刻，强烈的爱与幸福在他们心中复苏。一切如记忆中那样美好：大理石的厅堂和宽阔的大楼梯，栀子花的香气，沐浴在阳光里的房间和精致的陈设，当然还有主人的热情款待。到了晚宴时间，汤姆坐在他们婚礼那晚曾坐过的桌子旁边，仿佛是在等待新婚的妻子。七点整的时候，钢琴师弹奏起《婚礼进行曲》，安身着婚纱，从楼梯上缓缓走下，在场的每个人都为他们鼓掌。他们手牵手走向烛光晚餐，接受到场朋友们的祝福。

事后，安对朋友们说："那一切都太美好了。他经常让我想起我们以前的事儿，每次都让我感动，让我对婚姻有新的认识，尤其是这一次……我的丈夫真是了不起。"

通常来说，女人比男人更在乎过去。当矛盾发生时，妻子会说："过去你不是这样的。"所以，面对生活中的改变，夫妻有必要"再回首"，丈夫从"昨日之我"中看到"今日之我"的不足，加以改正；妻子因为你当时的好，而原谅你现在的某些"怠慢"，对你一如既往地关怀，感情的裂痕在瞬间被修复。当然，你安排的场景不一定豪华或隆重，只要是你们经历过的、感动过的就可以。即使是不经意间提起旧事，你也要和妻子共同回忆当时的情景，让记忆中珍贵的一幕再次上演，"再回首我心依旧"，此时此刻的心情与气氛应该不输当年。

有一对小夫妻吵嘴了。

妻子一生气，把结婚照片撕成两半。丈夫见状更加气愤，夺过来接着撕，结婚照立刻变成了一地的碎片。

妻子哭了：“离婚！”丈夫声音更大：“离就离！跟你多过一天都后悔！”双双夺门而去。

邻居的老人听说了这件事，拉住他们俩说：“别，先别离，先回家看看，把满地的碎片捡起来，把上面的花朵对齐了，会出现奇迹的！”

于是丈夫先回家，开始小心翼翼地捡拾地上的碎片。不久妻子也回来了，也开始小心翼翼地捡拾起来，就这么捡着捡着，也就捡回了过去一点一滴的美好的回忆。

他们感觉心里像有春风吹过，热乎乎的。妻子悄悄地哭了，男的也傻愣愣地站着，看着妻子，鼻子里直发酸。

这时，妻子“哇”的一声扑进丈夫怀里，泪如雨下，他也就一把搂住她，搂得很紧，一起看着那张重新拼好的照片——照片上有花，他和她也像花，都笑得极灿烂。他们都回忆起了过去的幸福。

那以后，花朵始终簇拥着他们，他们再也没有吵过架。

如果丈夫在生活中经常穿插进一些回忆，并在回忆中增加浪漫情感，这样夫妻之间的感情会在和谐中不断更新。生活中有沉淀才有创新，而回忆是沉淀和创新的统一。你也可以和妻子并肩作战，一起绘制“回忆路线图”，寻找最佳回忆点，让“昨日重现”。

“神赐了记忆，好让我们在十二月里，仍得觅玫瑰的芳踪。”好丈夫要充分利用回忆的时光，化解当前的矛盾，使两颗心都学会珍惜，并从中汲取勇气和力量，更积极、努力地去面对今后的婚姻生活。

当逃避男遇到低谷女

有的时候，男人的情绪周期低谷刚好碰到女人的情绪低谷：男人正走向逃离，女人正在下沉。如果彼此不能给予支持，两个人的感情就会变得更加脆弱。

女人的情绪处于低谷期时，最需要男人的陪伴和倾听；男人的“橡皮筋”也会经常受到刺激，渴望迅速地向外延伸，有了不可遏止的逃避之念并处在困境中的男人，无法提供女人需要的一切。

想逃避的男人，以三个步骤支持女人：

（1）尽量摆脱逃避情绪

有了逃避的冲动，就难以给伴侣更多的帮助和支持；不管你多么爱她，都无法成为理想的倾听者。既然如此，就要学会尽快地从自己逃避的情绪里解脱出来。

（2）理解她的痛苦

你应该明白，情绪低落的女人有着怎样的需要，你又能给予多少。她的痛苦是真实存在的，不要给她一种错觉，以为过多的要求或受伤的感觉是她的不对。她需要你的爱，却遭到你的漠视，必定会深受伤害，你需要属于自己的空间，而她同样渴望你的温情，男人和女人都有各自的需要，这是无可辩驳的事实。

(3) **避免争论，给予安慰**

一度冷落过伴侣的你，或许害怕她对你不信任，不原谅，也不肯善罢甘休，你要设身处地，考虑到她的难处，打消顾虑，与她真诚为伴，尽可能多地给她爱，给她关怀、体贴和安慰。感同身受地为她考虑，不要让她无谓的自责。你应该记住，即使你无法提供支持和帮助，也要尽量避免同她争吵。没有必要让感情变得紧张。譬如，你要向女人保证：你一定会从“洞穴”返回。到了那时，你将以全新的面貌，出现在她面前，给她更多的爱。

渴望独处的男人，既然无法倾听伴侣的感受，不妨这样对她说：“我知道这样做，会让你感到难过。不过，只要给我一点儿时间，我会认真地把问题想清楚。我们先说到这里，过上一些时间，我们再坐到一起，你说什么我都会听，你看好不好?”以类似的方式中断倾听，比起试图向伴侣解释，以消除其受伤的感觉，效果自然要好得多。

男人选择逃避不可怕，女人不妨趁此机会，同自己的朋友们相聚，共度快乐时光。将男人视为获得支持的唯一来源，只会给他带来更大的压力，得不偿失，男人有可能不堪重负，逃之夭夭。

你可以做类似下面的陈述：

“说真的，能和你谈谈这件事，我觉得很高兴!”

“把这件事说出来，我感到很舒服!”

“你耐心地听我说话，我觉得非常好!”

“我说出了心里的不满，现在舒服多了!”

“我感觉好多了，亲爱的，谢谢你!”

类似的措辞，可使女人和男人沟通更为顺畅。

男人通常没有意识到：当初，你的忽略和冷落，让你的女人吃不消。而今，你若无其事地突然回返，对方在心理上必难以接受。此时此刻，你应该充分地意识到，一心一意地倾听女人的感受，对她是多么大的安慰！她需要宽慰和体贴，尤其在你一度疏远、继而突然示爱之时万不可忽视女人此时的感受，应当态度虔诚，给予其前所未有的关心和爱护。

当然，作为男人，你逐渐意识到，你需要完成“亲密周期”，在某种意义上，你给女人带来的伤害，在所难免。所以，准备进入“洞穴”时，最好向她做出保证：你会尽可能早日“回归”，以更大的激情再次拥抱她——你的女人！

来自火星的男人要铭记：你面临的最大挑战之一，就是在女人畅谈感受时，要正确理解她的想法和意图，及时而恰当地提供支持和帮助；而对于来自金星的女人来说，她面临的最大挑战之一，就是在男人沉默时，要体谅男人的处境和心情。通常来说，男人突然的沉默，最容易让女人产生误解。

当逃避男遇到低谷女时，男士能做的，就是给她关怀、体贴和安慰。感同身受地为她考虑，不要让她无谓自责。你应该记住，即使你无法提供更多支持和帮助，也要尽量避免同她争吵，没有必要让感情变得紧张。

第七部分

男人要做“双面胶”，牢牢黏合这个家

贴心男人，做好家庭的“双面胶”

婆媳关系，历来是中国家庭中最微妙的关系之一。不论是婆婆看儿媳，还是儿媳看婆婆，总有点儿“越看越相厌”的意思。无论是哪种家庭，总是难以避免地传出“婆媳不和”的声音。

毕竟如果没有丈夫，儿媳可能永远不认识婆婆，如果没有儿子，婆婆也永远跟儿媳没有交集，这两个女人压根儿就是两个毫不相关的人，但由于中间这个男人的出现，婆媳关系也就出现了，没有任何血缘关系的两个人因此成了亲人。

婚前，儿媳是妈妈的女儿，被百般宠爱，嫁入婆家后，新娘子一下掉进了一张关系网当中，需要四面应付，承担起应有的责任和义务。儿媳为此要叫自己母亲之外的人“妈妈”，但是被妈妈宠爱和娇惯的待遇没有了。从此以后要生活在一起，亲情上多了一层长辈，生活上多了一层限制，这让很多新儿媳一下难以进入角色。而婆婆呢，却要她像对待女儿一样对待儿媳，而且这个“女儿”只能呵护、纵容，不能指责、管教，因为一旦指责和管教就会引发严重的婆媳战争，而这种战争是会长久结仇的，不会像母女一样没有隔夜仇。而且这个“女儿”不会真像自己的女儿一样跟自己贴心，这个“女儿”只是另外一个妈妈的贴心小棉袄。这会让婆婆心里很不平衡，心里会觉得家里多了儿媳生活还真是麻烦。

可以说，儿媳、婆婆和男人是一个比三角恋更复杂的三角关系。三角恋中，总有一个是不被爱的，而且最终会有一人退出，所以相对简单多了。但在婆媳关系中，两个女人都是被爱的，哪个女人都不能退出，而且还应该和谐相处。这就免不了让本应该拥有两个女人的爱的那个男人夹在中间，受尽夹板气。

李楠一进家门，就感觉到空气里有一股火药味儿，看着老妈生气的表情，看来在两个女主人之间暴发了一场战争。哎，真是头疼啊，一边是生他养他的母亲，一边是心爱的妻子，即便是人称铁嘴律师的他也很难断清这场“官司”。

这不，他鞋还没有换好，老妈就跑过来开始抱怨了。“楠儿，我看你还是把我送到养老院吧！尽管到了那里我会想你，可是也好过在家里处处受她的气……”

听到这句不知道说了几百遍的话，李楠还是低声安慰道：“妈，怎么一回事儿，我来给你主持公道。”

李母看儿子一副愤愤不平的样子，心里乐开了花，说道：“还不是你媳妇，我说孩子由我来带，可她偏要找个月嫂来带，别人怎么能像我这么疼孩子呢！再说了，我不是把你带得挺好吗？花那个冤枉钱做什么。她以为咱家的钱都是大风刮来的，真不知道怎么想的，一点儿也不心疼自己的老公。”

“妈，我们这不是怕你累着吗！你说你都一大把年纪了，也该享享清福了，再说请个月嫂也可以帮你减轻一点儿负担，你本来身体就不好，如果天天忙着照顾孩子，你若病倒了，那我会自责一辈子的。”

“哼，就你嘴甜。你们想请就请吧，反正儿子是你们的，钱也是你们的，我瞎操什么心啊。赶紧去洗洗，我去做饭。”李母笑呵呵地向厨房走去。

这一个解决了，还有另一个呢，于是李楠赶紧向卧室跑去，去解决老婆的怒火。一进门，看见老婆正逗着摇篮里的儿子，李楠走过去，把老婆搂进怀里，说道：“哎呀，还是家好啊！有漂亮的老婆，可爱的儿子，真是幸福啊！”

看着李楠，妻子也知道发生了什么事，低声说道：“我只是觉得找个月嫂会对孩子的成长有好处，我不是说妈不会照看，但是那毕竟是老方法了。我知道妈不会轻意同意的，你多劝劝妈行吗！”

“好，我会劝劝妈，不过妈年纪大了，你也多体量体量，她一个人把我养大不容易，我想让她晚年多享一点儿福。”

“嗯，你放心吧！我会好好待妈的。”

就这样，一场战争在李楠的努力下化解了。其实，对于男人而言，一边是自己最亲的亲人：生我养我的母亲；一边是自己最爱的人：同床共枕的妻子。倘若遇到双方激烈争执，婆说婆有理、媳说媳有理，那可真是“清官难断家务事”呀。男人夹在当中，只有两边哄、两边劝。当婆婆一直抱怨媳妇时，男人就应告诉妈妈：“她和你是不一样的人，很多习惯、想法都不同，请你多包容她。”之后再和太太说：“对不起，因为你嫁给我，才需要和我妈妈相处，有时她不好相处我都知道，谢谢你！”相信大多数太太听到这些话就会觉得，至少先生了解我的苦，夫妻关系也不会变质。

但如若当三个人均在场，吵得不可开交，而且必须让男人表态的时候，男人真的无法开口。是啊，自己又能说谁是谁非呢？无论哪种答案，势必会得罪另一方。于是只能说："请你们不要再吵了，我求求你们啦！"然而，"战火"依旧浓烈，吵声仍然不绝于耳。或者干脆保持沉默，这是多数男人会采取的策略，但是男人不讲话，婆媳问题不但不会解决，反而会让太太更生气。当先生不懂得保护太太，太太会觉得"你不是我先生，你还是你妈妈的儿子"，使得婆媳问题与夫妻关系越来越紧张。

而许多婆媳问题的产生，是因为婆婆心疼自己的儿子，假如这个关键人物能当个"火气的隔离者"而并非试图去做个"仲裁者"，就能将两个外人连结在一起。阿普特书中的调查研究，她发现妈妈对儿子感情的疑虑，是婆媳不和的驱动力。阿普特说："问题的根源是人的脆弱性。当妈的担心母子间珍贵的亲情因儿媳妇的到来而受到威胁。妈妈会想"对于儿子，我还有价值吗？"

如此说来，婆媳之间出问题，绝非只是婆婆与媳妇双方的事，家庭其他的成员尤其"老公"是否能扮演好居中协调的角色，对婆媳关系有绝对性的影响。因为对于女人而言，她们更关心的问题是：夹在中间的男人，你的心会靠向母亲还是太太？

所以婆媳问题的关键在于：男人做了双面胶，该挺妻还是该爱母？

有一原则值得借鉴：嘴上偏向老妈，心里靠向老婆。因为儿子对母亲的爱，挂在嘴上便已足够，因为母爱无私，老妈压根儿也不需要你今天鲜花明天蛋糕，刷刷筷子洗洗碗，能让她看着自己的儿子围在身边、甜言蜜语地说句“老妈最亲”，就是做母亲最大的幸福；而老公对老婆的爱，要时时刻刻付诸行动，甜言蜜语说上一筐，心不在你的身上，也是枉然。所以，女人往往都能接受男人的肉体出轨，却不能接受男人的精神出轨，因为，只要心在她的身上，她便可以忍下你的千千万万，也会为你做到妥协。

但要想让婆媳关系如鱼得水，男人就应掌握婆媳相处的关系秘籍。

（1）了解

俗话说：“知己知彼百战不殆”，只有充分了解了妈妈和媳妇的脾气及喜好，才能更好地为调和婆媳关系打下坚实的基础。

（2）智慧

俗话说：“会做的两头瞒，不会做的两头传”，两头瞒的男人是极其聪明的，他不光能巧妙地让两个女人对彼此的不满消失于无形，而且会替两个女人讨好彼此，让两个女人互增好感，促进婆媳之间的和睦。两头传的男人是非常愚蠢的，很多婆媳之间本来没有多大的矛盾，只是一些小摩擦，但经过中间的那个男人的传达后，小摩擦也会擦出“大火花”，让婆媳之间的矛盾变得无比尖锐、复杂，再加上有些女人气量太小，会因此结下永远也解不开的“梁子”，最终的结果便是将传话的男人放到深水热火中煎熬。

（3）公正

当婆媳出现矛盾需要调和时，在裁决过程中一定表明你公平公正的立场，千万不可偏袒，不然你不但会失去威信，说不定还会使矛盾恶化。

（4）细节

不妨时常在一个女人面前提及另一个女人的好处，也可以自己买点小礼品给其中一个女人说是另外一个女人送的，让她们了解你是很爱她们的，聪明女人是会“爱屋及乌”的。

（5）爱

没有什么比你的“爱”更能调和婆媳之间的问题了，孝顺妈妈（不要愚孝），爱护媳妇（不要偏袒）；既然两个女人都给了你无私的爱，那你也同样要用无私的爱来回馈给她们，并用你的爱牵起这两个爱你的女人吧！

婆媳问题的关键在于：男人做了双面胶，该挺妻还是该爱母？

有一原则值得男人们借鉴：嘴上偏向老妈，心里靠向老婆。

做个顾家的好男人

很多男人认为，顾家就是经常回家陪老婆和孩子，或是帮老婆做家务。在他们看来，男人应该以事业为重，怎能天天待在家里，毫无志气呢？于是他们就生出了极其强烈的排斥心理。

其实，女人要男人顾家，并不是像男人想象的那样被家庭所套牢，而是希望男人在把过多精力投入到工作的同时，去想想自己的家人是否受到了冷落。如果一个男人在必要的时候能够为家庭而放弃工作，那么他就是一个绝对顾家的人，也是女人为之感动的男人。心中对家有一份牵挂，就会表现在日常的点滴中。

西西是个三十多岁风韵犹存的少妇，她把她的青春年华都付诸这个家。她老公因为工作需要经常出差。老公一出差，她就不能好好做饭了，因为淘气的女儿总喜欢来回跑，需要她来照顾。一天，她带着女儿去游乐园玩了半天，回家时街道已经是霓虹灯闪烁了。她拖着疲惫的身躯带着女儿走向空荡荡的家，想到别人都是一家团聚地吃晚饭，她禁不住地伤感起来。

当她走到自家楼下的时候，下意识地抬头望了望，这一望，她心里一惊：天哪，灯怎么会亮着呢？明明是关了灯的，难道进贼了？想到这里，她不由得哆嗦起来，想想自己身边的女儿，还是鼓足了勇气去看个究竟。在上楼的时候，她突然又觉得不对劲儿了，哪有贼这么大胆地开着灯啊？她平静了一下情绪，走到门口的时候，壮着胆子按了门上的对讲电话，熟悉的声音传入耳畔，那是老公的声音。西西再也抑制不住心中的激动和兴奋，抱着已熟睡的女儿直冲进去。眼前呈现出的一幕让西西热泪滚滚：老公正穿着围裙在厨房里忙前忙后，饭桌上已经摆满了香喷喷的饭菜。似乎是这饭菜太香了，女儿也从梦中醒来了，她睁开眼睛一看，高兴地喊到："爸爸！"

家里因为老公的回来而充满了热闹和温馨。西西困惑不解地望着老公，问道："不是要出差几天的吗，这才两天，怎么就回来了呢？"老公往西西的脸上亲了一口，笑着说道："当然是想老婆你还有宝贝女儿了！"

原来老公昨天就已经和客户达成了合作意向，今天客户是想请老公去玩儿的，但老公的心里却一直惦记着这个家，就和客户赔了不是，买票匆匆地赶回来了。他事先没有告诉西西她们娘俩，是想给她们一个惊喜。西西笑了，一下子就抱住了老公，幸福地埋怨道："讨厌，回来也不说一声，我还以为是家里进贼了呢！"女儿在一旁偷偷地笑。

望着乐呵呵的女儿，在老公温暖的怀里，西西忽然感到自己是那么的幸福！这个家有老公和女儿就已足够，天下的幸福似乎都给了她。

无论是已婚女人还是未婚女人，都有一个共性，就是喜欢顾家的男人。一个女人在步入婚姻殿堂之前，会用自己睿智的眼光来考验自己的男朋友。顾家的男人总会让女人感到温馨与满足。

女人有着极其丰富的情感和敏感的心，在她们的内心深处，从少女时期开始，就希望能遇到一个全心全意地爱自己的男人。女人会为了爱而不顾一切，甚至是付出自己的全部。所以，作为男人，面对身边的女人，你应该同样给予她一些回报，心里惦记着她，偶尔给她一个惊喜，让她知道你的心里有她，并且永远会记挂着她。

顾家的男人往往更容易博得女人的芳心。顾家从另一个层面来说就是爱的一种表现形式。所以，男人不妨从以下几个方面来做到顾家：

当公司有了应酬，不妨先打电话告诉她一声，让她心安，不要让她苦苦地在家等候。有些应酬能推脱就推脱，推不掉时，也要记着，千万不要在外面过夜，让她独守漫漫长夜。应酬回来后，要及时地对她说些歉意的话，比如，让你担心了，宝贝。不要到家了，依然沉浸在聚会的兴奋上，甚至还讲述聚会上如何如何。要提醒男人的是，假如在聚会上遇到了自己熟识的女性，回到家后不要对爱人说，免得她多疑。

如果公司派你出差，在临走前，不妨给她一个甜蜜的吻，或是给她一个幸福的拥抱。在出差的日子要记得时常给她打电话报平安，让她不再为你担心。出差回来，给她带回来一些小礼物，让她欣喜。

另外，记得在一些特殊的日子送上一些礼物，哪怕是一句温情的话。尤其是一些纪念日，最好能陪她一起过。如果周末在家早点儿起床，为她做顿精美的早餐，让她感受到你的顾家情怀。

作为男人，面对身边的女人，你应该同样给予她一些回报，心里惦记着她，偶尔给她一个惊喜，让她知道你的心里有她，并且永远会记挂着她。这，才是一个好老公好丈夫应该做的。

做家的脊梁，承担家的责任

女人和男人由相知、相爱逐渐走向谈婚论嫁，伴随着快乐而来的还有对现实生活种种的忐忑不安以及对未来的茫然。尽到自己的责任，给她一份踏实的感觉是好丈夫的必修课之一。

所谓的有责任心就是具备这么几点：一是对家庭有责任心，就是要对家庭承担责任，能把家庭照顾好，能把家庭支撑好；二是对妻子要有责任心，要担负起一个丈夫的责任，爱护妻子、照顾妻子，更重要的是不见异思迁，经得起诱惑，对妻子不弃不离；三是对子女有责任心，要对自己的子女尽到哺育的义务，创造良好的学习环境和家庭环境，让他们健康愉快地成长；四是对父母要有责任心，尊重长辈，尽到赡养老人的义务，让他们幸福快乐地度过晚年；五是要对社会有责任心，承担起社会赋予的责任，把工作干好，干出事业来，让妻子和孩子过上好生活，这就是男人的责任。

现实告诉女人，男人最重要的品质是责任感，纵使他家财万贯，纵使他面若潘安，纵使他口齿伶俐，如果他不能够对自己负责、对女人负责和对家庭负责，那么就算他条件再好也不值得爱，更不值得嫁。嫁给一个有责任感的男人，纵使生活无法大富大贵，女人内心的踏实与平静也足以让快乐溢满心田。

的确，当爱情的美妙旅程抵达下一站——婚姻的时候，一切幻想都“尘埃落定”，相爱的两个人回归到现实生活中，角色的转变伴随着责任的增加，也许会经历“山重水复疑无路”的窘迫，逃避责任的男人只能导致失败或糟糕的婚姻。

李诚是个急性子，做事总是静不下心，容易不耐烦。婚后两年，他们的孩子出生了，在带给全家巨大喜悦的同时也带来了更多的麻烦事儿。妻子既要照顾家人，又要照顾孩子，忙不过来时经常求助于李诚，指派给他一些简单的“任务”。

李诚也明白妻子的辛苦，这时候帮忙做点儿事情是他分内的事，但是他实在受不了孩子哭哭闹闹的声音，也懒得做那些换尿布、冲奶粉的细致活儿，所以做妻子吩咐的事时总是一脸的不耐烦。后来，为了避免被妻子“支使”，他干脆以工作忙为借口，经常很晚才回家，还坚持在客厅沙发上睡觉。

渐渐地，妻子看出李诚不情愿帮自己的忙，心里很不舒服。“当初是他催促我赶紧要一个孩子的，现在倒好，有了孩子，他却把照顾家人和孩子的重担都扔给我。现在孩子还小倒好说，以后孩子学走路、学说话、上幼儿园、上小学……什么事不需要父母照顾，他现在的态度让我很担心以后的生活……”

有句谚语说，“妻子需要的不是你的嘴，而是你的肩膀”。对丈夫来说，妻子就是你的责任，家就是你的责任。如果在为妻子、为家庭做每件事时你都怨声载道、闷闷不乐，甚至消极逃避，生活会变成什么样子呢？

女人宁愿嫁一个清贫而有责任感的男子，也绝不嫁一个富有而毫无责任感的情场浪子。因为，对家庭有责任感的好男人有一颗风吹不倒、雨打不倒的心。这比任何财富都要昂贵。

作为一个男人，不管你即将踏入围城，还是已经身处围城之内，都应该检验一下自己的肩膀，看它是否够强壮、能否成为家庭的脊梁，支撑起家的重量。尽快进入角色并承担起自己的责任，过些时候就能步入“柳暗花明又一村”的佳境。

许娇长得很漂亮，但她有个缺点，那就是非常爱丢东西。从小到大，除了她自己，几乎什么都丢过。结婚以后，雨天她上班忘记带伞，丈夫不得不提前下班，绕很远的路接她回家；因为忘带钥匙，她不停催促丈夫赶紧回家，她甚至经历过在饭馆吃完饭忘带钱的窘境，丈夫只好风风火火地带着钱包前来“救急”。

一次两次还可以，但许娇老是这样一塌糊涂，让丈夫跟着跑来跑去、担惊受怕的，丈夫有些吃不消了，他气急败坏地大吼道：“你为什么老是这样没有记性？你干脆把我也丢了算了！”然后甩开门，扬长而去。

一天、两天过去了，许娇一想到丈夫就来气，自己从小记性就不好，他又不是不知道，干吗发那么大的火？后悔自己当初结婚选错了人；三天、四天过去了，她开始有些后悔自己太愚蠢了，丢三落四太过分了；五天、六天过去了，他的影子已经挥之不去了。一个星期没见面了，他是不是真的不担心自己了？许娇的心开始忐忑不安。

门铃在这个时候响了，打开门，看到满脸胡子拉碴的丈夫，“这几天我已经想明白了，你就是我的责任，我决定痛改前非。”他保证似地说，接着拿出两个小巧精致的本子在她眼前晃了晃，“这是备忘录，一人一个，你有可能忘记的一切我都为你记上了，以后我会随时提醒你，也不会因为你的健忘而让你难堪了，你放心吧。”

“你就是我的责任。”这句话消融了许娇所有的怨气，也让她感受到了踏实和安全。

花言巧语或是绵绵情话都过滤不了生活的艰难，唯有一副结实的肩膀，勇于担当、承担责任、阻隔烦恼，这样爱情才能获得足够的生长空间，爱才能成为“常绿乔木”，不泛黄、不枯萎、不停滞。

法国文学家萨特说过：“选择了就要承担。”尽快进入丈夫的角色，做家庭的脊梁，愉快地承担自己的责任，为她做自己应该做的一切、做值得她依靠的人，快乐才会在身边开花吐蕊、芳香四溢。

男人，既然你选择了结婚，就应该承担起家的责任。男人，既然你选择了女人，就应该给予女人无限的爱。男人，既然你选择了生子，就必须为子女提供良好的生活与教育环境条件。责任重于泰山，负不起责任，就请收起你的贪恋。

家是让你卸下武装的地方

有句话说得好："清官难断家务事。"在经营家庭的过程中，发生争执是常有的事情，有的时候争吵就是夫妻之间的一种交流。很多时候，我们知道："家不是讲理的地方，而是讲情的地方。"这话说得非常到位。也许你刚刚和他步入婚姻的殿堂，也许你还没有学会怎样去经营婚后的感情，也许你们之间的磨合经常让你百般困惑，但你们还是在这条夫妻之路上行走得如此坚定。不要犹豫，你们还是相爱的，就算你们是一对小冤家，眼前也都成了一根绳上的蚂蚱，只有将这份感情经营得更加和谐，才能拥有真正的幸福。

当你们微笑着迈向了婚姻的殿堂，希望自己的浪漫生活能够长久延续下去，却忘记了自己也要做好面对矛盾隔阂的准备。毕竟两个人从小没有在一起长大，生活习惯不一样，成长经历不一样，对事物的看法也不一样。在恋爱的时候，我们也许会容忍对方一些不尽如人意的地方，但是当两个人朝朝暮暮生活在一起，那些杂七杂八的小事儿，也很有可能会引来一番两口子间激烈的争吵。老人说："炒菜做饭，没有不碰锅碗瓢勺的。"夫妻之间磕磕绊绊是经常出现的事情，怕就怕两个人都较起真儿来，非要说出个谁对谁错，方可罢休。

两人平时要把不快通通说出来，免得都憋在心里难受，但是吵架以后，还是要正正常常过日子，彼此给对方一个台阶下，事情过去也就过去了，不能揪着不放，总是翻旧账。婚姻有的时候就像一个空盒子，你必须不断地往里面放东西，才能随时从里面取回你想要的东西；你放得越多，得到的也就越多。家不是一个讲理的地方——这句话听起来，似乎很没有道理，但这句话是至理，是多少夫妇，多少家庭，多少辛酸，多少爱恨，多少是非，多少对错，在纠缠不清，难解难分的混乱中，梳理出来的一个有效结论。虽然并不像我们想象中的那么惊天动地，但经历过的人方才明白其中的道理。用感情这根鞋带，牢牢系住婚姻这双鞋，脚踏实地地走在人生的道路上，到达幸福的彼岸，鞋带难免有松的时候，就要靠两个人的双手来系紧它。所以，家庭生活中，沟通和聆听才是最好的交流方式。我想，婚姻的最高境界也同样是相互理解，互相默契。婚姻生活中，有一种感动叫相亲相爱，有一种感动叫相濡以沫。

孙晓和赵平认识已经有两年的时间了，两个人相处得还不错，于是在2010年的春天走进婚姻的殿堂，过上了自己幸福滋润的小日子。

刚开始的时候生活还比较和谐，但慢慢地两个人都发现了对方的很多毛病，孙晓每天起来就习惯坐在大衣柜面前“相面”，一会儿看看这件衣服，一会儿试试那件衣服，然后还要画上一小时的妆。对于做饭炒菜这样的事情她总是躲得远远的，嘴上还振振有词：“这么脏，我可不干。”赵平呢？回来以后就把袜子衣服到处乱扔，然后慵懒地躺在床上，什么也不干，而且还有一个让孙晓难以忍受的坏习惯，就是他上完厕所以后经常忘记冲马桶。就这样两个人经常为一点鸡毛蒜皮的小事吵架。赵平抱怨孙晓就知道臭美，自己回家连一口热乎饭都吃不上。孙晓怪罪赵平不讲卫生，把家里弄得到处都是脏兮兮的。就这样时间一长两个人争得谁也不让着谁，都觉得自己有理，感情也越来越不好。

这次赵平和孙晓又吵架了，两个人仍旧是互不相让，弄得赵平一气之下出去找朋友喝闷酒，打通了妈妈的电话诉苦，孙晓一个人在家里对着镜子哭泣。万般无奈之下，她拨打了她妈妈的电话，妈妈听了孙晓一连串的抱怨，劝慰她说："婚后的日子，用心过，留心改，家不是一个讲理的地方，你们需要的是彼此适应。孩子，不是有句老话说得好，过日子哪有勺子不碰着锅沿儿的。当初我和你爸爸结婚的时候也没少吵架，但慢慢就彼此适应了。你们现在年轻，还是经历的太少，你们要学会彼此宽容和忍耐，才能安安生生地过日子。既然你已经嫁给了他，就要学会适应他，不要总过分地去与他争吵，时间一长会影响你们之间的感情……"听了妈妈的一番教诲，孙晓也耐心想了好几天，父母之所以能一起度过大半辈子，相扶到老，主要就在于他们彼此的包容和理解，妈妈说得很对，家真的不是一个讲理的地方。

就这样，孙晓开始学着适应赵平的一些习惯，赵平看到老婆不再和自己争吵，也自觉地开始改变自己，不再把衣服袜子到处扔了，也知道冲厕所了，每天回来还能吃上媳妇做的饭，两个人过得越来越和谐，争吵也慢慢地减少了。

俗话说："家家都有本难念的经"，很多人苦恼，保持家庭和睦关系是如此的不容易，困惑于夫妻之间怎么也无法避免的口舌之战。至此，很多夫妻随着结婚年限的增长，反而是越来越感受不到家庭的温暖和夫妻之间的温情，还有的夫妻更是难以逃脱婚姻“七年之痒”的魔咒，让期望中的夫妻恩爱和家庭幸福逐渐变成了不堪重负的精神枷锁。

一加一等于二，这是连三岁孩子都知道的数学公理。在家庭生活中，正确的意见，再加上正确的意见，按理说，应是双倍的正确，可事实却常常不是这样。换句话说，对加对，在琐琐碎碎的家庭生活中，都去争这个对，常常不是等于两倍的对，而是等于错，甚至错得一塌糊涂。家，不是战场，家，是讲爱的地方，是讲情、讲义的地方，讲宽容、讲理解、讲忍让的地方；有时还是抛开是非与对错，讲一点糊涂的地方。居家过日子，有情有爱，才是幸福的港湾，才是美丽的花园，你与他的关系才会更好。

夫妻之间不需要像对外人那样彬彬有礼，但也需要相互尊重，那样才能同甘共苦。不管对错，两人争得面红耳赤，肯定会造成双方的不愉快，这是非常不可取的。

家务事谁也不能置身事外

生活中有一些持“男尊女卑”、“夫权第一”等严重思想观念的“大男子主义”的男人，他们认为男人不该操心家里的事，于是把家务、子女教育等一切事务都推给妻子，将妻子当作一个仆人对待，这种男人是极端自私的。

要知道，生活原本是由洗衣、购物、做饭及抚育孩子等家务事串联起来的，为什么要把家务事一股脑儿地交给她呢？根据统计数字显示，女人每周花在料理家务事与养育小孩儿等杂事上的时间比丈夫多出 20 个小时，这几乎是一天的时间，没完没了的家务事是女人结婚后最沉重的负担。更何况，现代女性扮演着双重角色，上班时努力工作，下班后家务缠身，就像一支两头燃烧的蜡烛，分身乏术，情绪上会非常烦躁，快乐感也就随之被扼杀了。这已经成为不少妻子抱怨丈夫的根源，也很可能是家庭矛盾的导火索。

爱一个人光靠嘴上说说不行，要体现在实际行动上。做家务就是直接的表现方式。如果你真的爱她，就要积极主动地分担一些家务，而不是你一天到晚过着悠闲的日子，无动于衷地看着她在没完没了的家务事中累得腰酸背痛。

早上起床后妻子把饭做好，冠佑吃完把嘴一抹就上班去了，中午经常是呼朋唤友到饭馆里去大吃一顿，晚上回家吃晚饭后要么就是看电视，要么就是蒙头大睡，家务活儿从来不干。

有时候，妻子实在是忙不过来，想让他帮忙做点儿家务事，冠佑把眼睛一瞪："反了你了！你想干什么？家里的活儿不都是女人做的吗？难道还需要我一个大男人来操心吗？你要是忙不过来，慢慢干就是了。"

天长日久，妻子的怨气越来越大，提议要与冠佑离婚。"不光活儿我不干了，日子我也不和你过了。我和你结婚到现在，你自己吃饱了什么事都不管，你洗过一件衣服吗？你做过一顿饭吗？孩子从生下来到上幼儿园，你帮我照看过一次吗？明天咱们就去办离婚手续，谁愿意给你当牛做马你找谁去。"

事实上，女人需要的是一个能够担负起婚姻和家庭责任的丈夫，需要丈夫的体贴关怀和温情抚慰，那种只管自己吃饱、不分担家务事的男人，即使在别的方面非常优秀，也无法长久地吸引住女人的心。

一个温馨的家庭是快乐休闲的乐园、是规避风险的港湾、是修身养性的处所、是天伦之乐的摇篮、是感情的结合点。在这个家庭里不仅要有一个贤淑、能干的好妻子，而且也需要一个顾家、负责的好丈夫。

不是因为有了女人才有了家务，而是因为有了家才有了家务。一个体贴的好丈夫从不会大男子主义地认为家务事与自己无关，他们会主动替妻子做一些事情，让她从家务事中解脱出来，兼顾一下事业和兴趣，哪怕只是让她休息一下，喘一口气。

在家庭琐事面前与爱人“共进退”，和她一起好好经营生活，这不仅是一种对家庭负责任的表现，而且会让妻子充分感受到你的爱意，觉得你体贴而温情、暖心又迷人，如此，两个人的关系和和气气，家庭自然快乐而美满。

“做家务既为爱人减负，又促进家庭幸福和睦，何乐而不为？是男人就得做家务。”这是林生的现身说法。他和老婆小周在当地中学当教师，当初结婚离开父母独立生活的时候，他们也曾因为家务事争吵过，但后来林生认识到家务应该共同承担。

有一段时间，小周的母亲生病了，小周只好回老家照顾母亲，于是做饭、浇花、收拾房间、扔垃圾等家务事都落在了林生头上。第一天，他累得头晕眼花，第二天，他开始怀念小周在家时自己的安逸，一个星期过后，他深刻地体会到了小周工作之余还要操持家务的辛苦。待小周回来后，他开始主动承担家务。

虽然做饭炒菜是小周负责，但洗菜、切菜、洗碗这些粗活都是林生干。小周洗衣服，林生就负责拿出去晾晒衣服。打个比方，如果妻子算是大师，那他就是一个打杂的，也不闲着。这样一来，夫妻两人相处的时间多了，交流也多了，生活比以前更和谐，幸福的说笑声经常从他们家中传出。

爱一个人光靠嘴上说说不行，要体现在实际行动上，做家务就是直接的表现方式。如果你真的爱她，就要摒弃“大男子”主义，积极主动地分担一些家务，成为她的贴心伴侣，而不是无动于衷地看着心爱的人受苦受累。

你快乐所以我快乐

赫伯特说："愉快的面色，可以使一般蔬菜变成一桌酒席。"

生活到处都是不尽如人意的地方：房子太小、车子太破、孩子太淘气、和妻子在一起的时间太少等。如果你的生活只是"一般蔬菜"，你有信心把它变成"一桌酒席"，使自己的婚姻生活更和谐吗？

秘诀就是让自己快乐起来。要想改变环境，先得改变心境。有本书叫《痛并快乐着》，写的是在任何情况下，有乐观的心境才有改变的可能。快乐是会传染的，你的快乐就会成为妻子的快乐、家人的快乐和生活的快乐。好丈夫不仅要当好一家之主，还要成为"快乐之源"。

好丈夫要善于创造愉悦的环境。你要把自己变成一个爱笑的人，并且善于发现可笑的事，笑是家庭中的灵丹妙药。丈夫是妻子的主心骨，只要丈夫是笑着的，妻子就不会感到忧虑。提出这一建议的是日本的一位婚姻心理学家，他从自己儿子身上发现了笑的秘密。

那天他下班回到家，儿子正坐在客厅的沙发上看《蜡笔小新》。儿子看得津津有味，有时甚至会捧腹大笑；而他却认为这动画片幼稚空洞，根本就是很无聊的东西。他刚想教育儿子不要看这么无聊的东西时，却突然想到：在家中还是应该有轻松快活的心情，何必破坏这么好的气氛呢！于是，他坐在儿子身边，和他一起看起来，不知不觉间，他也被这动画片感染，笑出声来。动画片结束了，儿子突然感叹地说了一句："爸，你平时要是也能像今天这样多笑笑，不要那么严肃多好啊，那我和妈妈一定会更开心的。"

他受到启发，对每个向他来求助的愁眉苦脸的丈夫说："笑一下吧，如果你可以。你的妻子绝对不想看到你垂头丧气的样子，她也会心烦。给她一个愉悦的环境，你们的心情都会好起来，心情好了，问题就迎刃而解了。"

这里有个简单的测试，看看以下哪种说法符合你的情况？

（1）你笑因为你快乐。

（2）你快乐因为你笑。

如果这两者都符合你的情况，那么你就是个善于创造愉悦环境的人，有成为好丈夫的潜质。这样的人，不管是自己遇到麻烦，还是妻子或家庭遇到麻烦，都能控制好自己的情绪，尽量往好的方面想，并能拿出行之有效的方案。这样的丈夫，平常的时候让妻子觉得快乐，关键的时候让妻子感到安心。

巴特是电子工程师，在一个星期六，他陪妻子到附近的植物园看花展。妻子非常喜爱园艺，对这次展览很期待。可巴特不想去，他想回去工作。因为他有个项目进度滞后了，尽管是周六，他还想到办公室去，但他答应了妻子去看展览，而且那天已是最后一天了。

开始他闷闷不乐，一心想着工作，当他发现妻子用不安的眼神看自己时，他强迫自己微笑，去看各种品种的花，还不时地称赞它们。看完花展，野餐时他又开始想他的项目了。为了把它们从头脑中赶走，他决定一本正经地摆出侍者的姿势来，在午餐时来了个客串表演，为妻子服务。他滑稽的动作让妻子大笑不止。很快，他也开始大笑。在剩下的时间里，他甚至没想工作的事，和妻子度过了一个美好的下午。

由于他创造了一个愉悦的环境，一个原本可能无趣的活动变成了值得纪念的事。

快乐是会传染的，你的快乐就会成为妻子的快乐、家人的快乐和生活的快乐。好丈夫不仅要当好一家之主，还要成为“快乐之源”。只要丈夫是笑着的，妻子就不会感到忧虑。

爱她，也要爱她的家人

善待父母，是每个做子女的应尽的义务，父母是我们世界上最亲的人，没有人可以代替他们。在恋爱中，同样也要善待对方的父母。她会因为你的细心、孝顺而对你有加倍的好感。

善待对方的父母，这是爱情的需要，也是爱情的催化剂；善待对方的父母，你不仅会得到对方的尊重，也会俘获对方的芳心。

婚姻真是一件错综复杂的事情。当亲情和血缘关系发生碰撞时，更是问题诸多，欲理还乱，弄不好还会导致亲情疏远。

要想使你的婚姻更加稳固，最重要的一条就是要学会尊重：只有懂得尊重对方，你才能得到对方的尊重。同时，不仅要尊重对方，更要紧的是要“爱屋及乌”，尊重对方的父母、兄弟姐妹以及对方的亲朋好友。

当年，阿芸才貌双全，阿轩千辛万苦才把她追到手。虽然也是爱他才肯嫁的，但婚后，芸却不接受阿轩的乡下婆家人，说他家里的人粗鲁，没文化、没素养。吃饭有声响，不太讲卫生，坐相也不好看……

她瞧不起婆家人，便不屑与他们交往，还不准儿子和婆家人来往，唯恐“近墨者黑”：偶尔遇婆家人上门，她会用一次性碗筷招呼他们。等他们前脚才出门，她马上就让钟点工过来全屋大扫除，哪怕是昨天刚刚搞过卫生。有时，伯伯或小姑的孩子过来玩耍，小孩子天生好动调皮，总会弄脏地板或弄坏什么东西，她就不留情面地责怪。渐渐地，婆家人都怕了她，几乎没有亲友敢登门了。

时间长了，阿轩变得沉默寡言。也不知道婆家人都对他说了什么，反正，每次他回老家后，起码有半个月不作声，每天只是默默地吃饭，默默地看电视，躲在书房上网，就连平时最爱和儿子开的玩笑都没有了。

家里冷冰冰的感觉让人窒息。一天，他对阿芸说："离婚吧，我们感情不和。"阿芸气愤地责骂他："离婚没门儿，我不想让儿子在单亲家庭中成长。当初那么多人追我，你给了我誓言的，说死也不变心。你能讲出我在家里有什么地方做得不好，只要合情合理，我就同意离婚。"阿轩欲言又止，离婚便不了了之。但阿轩却总是很不开心的样子，问及原因，他又总是沉默不语。

去年的"六一"儿童节，阿芸无意中发现了秘密。那天，她选了两套童装准备送朋友，但买错了型号。为免浪费，她回家做了个顺水人情，对老公说："我买了两套童装给你妹妹的儿子，你带回去吧。"想不到，阿轩即刻喜形于色，久违的笑容又重现了。当晚，他也没有躲进书房上网，而是和儿子在客厅滚作一团。睡觉时，他还破天荒地主动给阿芸抓痒，次日早上又帮她冲牛奶……

此时，阿芸才突然醒悟，原来自己一向冷落了他的家人，不尊重他的家人，伤了他的心。手心手背都是肉，两边都怪他，做了夹心饼，左右为难，怎么会开心呢?

自我反省后，阿芸马上采取补救措施，逢年过节积极主动地购置礼物回婆家；母亲节时，请公婆去酒店吃饭；两老生日时，送他们衣服鞋袜，每年还给乡下八十多岁的太婆婆送钱；婆家人登门时，她热情接待……

阿芸想通了：你对婆家人不尊重，不尽责，最终也不会得到老公的尊重。搞不好，连婚姻也难保平安呢!

对自己的父母好，善待自己的父母亲是理所当然的事，所谓“百善孝为先”。但很多夫妻，在涉及对方的父母亲人时，往往没有一碗水端平，有着明显的偏袒。对自己父母好，对丈夫或妻子的父母则是另一副面孔。殊不知，瞧不起他的父母显然就是瞧不起他，侮辱他的亲人就等于是侮辱他。要知道，一个人的父母是他心底永远的柔软之处，所以，既然爱对方，那就要“爱屋及乌”，关注并善待对方的父母亲人。

她嫁了个不爱奉承丈母娘的老公，母亲成天“指桑骂槐”，抱怨自己命苦，居然和一个对自己“不闻不问”的女婿生活在一起。说实话，她的老公确实不善言谈，也不爱说些好听的话，更不会在丈母娘面前扮好人。因为他的“不动声色”，让所有的亲朋好友都认为他是个不会“爱屋及乌”的人。

直到有一天，丈母娘患了大病，要动大手术。因为娘家穷，大家都无能为力，只有他把能借的钱都借来，让丈母娘顺利地渡过了难关后，每天还在医院寸步不离，照顾周到，真算得上是无微不至。

真爱无敌，要说一个家庭没有矛盾与纠葛，爱人与自己的家庭之间没有碰撞与摩擦，当然是很不现实的。但尊重是爱的前提，只要爱人对自己的家人没有逾越这个底线，就不要太在乎表面的形式。

爱屋及乌，这是人之常情。在对待对方父母的问题上，首先要明白他们是长辈、是老人、是辛苦拉扯子女长大的人，更是给予你深爱的人生命的老人，善待他们，就是善待你深爱的人。善待爱人的父母，就是善待了对方对你的爱情。当爱人拉着你的手走进婚姻殿堂的那一刻，对方的父母就已经是你的父母了。所以，善待爱人，善待爱人的父母，也就是善待自己。

爱屋及乌，这是人之常情。当爱人拉着你的手走进婚姻殿堂的那一刻，对方的父母就已经是你的父母了。善待爱人的父母，就是善待了对方对你的爱情。

学会欣赏，懂得赞美

作为男人，你知道妻子最渴望得到什么吗？妻子渴望得到你的重视和宠爱，妻子渴望你去欣赏她。男人在一个家庭中要勇于承担责任，才能够给妻子一个满意的家庭生活。

在非洲有这样一个民族，流传着一个感人的故事：

这个民族的族长有四个女儿，大女儿、二女儿和三女儿都漂亮能干，她们都是以八头牛的聘礼被人娶走了。可四女儿玛莉就逊色多了，相貌平平，看上去既不漂亮也不能干，而且总是低着头，一副羞怯的样子。于是族长说："谁愿意娶玛莉，四头牛的聘礼就足够了。"可是，一个年轻人坚持用八头牛的聘礼娶走了玛莉。婚后，族人们惊讶地发现玛莉变得非常能干，言行得体、落落大方，而且比以前漂亮多了。族长问姑爷是怎样改变她的，姑爷微微一笑，说："我只是对她说，你并不比三个姐姐差，你温柔善良，是难得的好女人，确实值八头牛的聘礼。"

老公的赞美、肯定和欣赏改变了玛莉。其实，在我们身边，绝大多数女人都像玛莉一样是普通而平凡的。尽管你的妻子是一位平凡的女人，但如果你用不平凡的眼光来欣赏她，就会让她充满自信，她会不由自主地昂首挺胸，她会想"原来我也是非常优秀的"，也会以更高的标准来要求自己，审视自己，于是，改变、进步就顺理成章了。所以，聪明的老公一定要告诉你的妻子：你一直都是这样美丽与优秀啊！

妻子是需要男人的关注和鼓励的，是渴望男人去欣赏和赞美她的。那么，妻子希望自己在哪些方面得到男人的关心和宠爱呢？有专家总结出下面一些内容：

（1）妻子需要忠实可靠的男人

女人择偶时，通常较重视各种实际的因素。女人也许急需爱情，但她们内心最关注的是：这个男人可靠吗？因此，男人除了要注意头发、衣服和礼貌外，还需具备仁慈大方和忠实可靠的品德。

（2）妻子希望男人容忍她的缺点

妻子希望这个能和她白头偕老的男人把她视为地位相同的人，尊重她的人格，容忍她的缺点。

（3）妻子需要男人赞美和鼓励的话

妻子需要男人明确的赞美："你这个发型很好看"、"你穿红衣服很漂亮"等。这种赞美的话能给女人鼓励，使她会更注重打扮，使你们的爱情不断得到滋润。

（4）妻子希望男人耐心倾听她说话

男人心目中的交谈是为了研究问题、辩论是非，找出解决问题的途径。为了达到这个目的，他也许会一再打断女人的讲话，要她"明白"他的意思。然而，女人希望男人友善地倾听，而不愿让男人老是发表意见，她们会说个不停，直到心里觉得舒畅为止。

（5）妻子需要带有情感的礼物

从女人的观点来看，最好的礼物是那些较平实的，而不是浮华夸张的。有个男人专门收集情人卡，随时送给太太，每当她心情不好时，他就把一张卡放在她可能发现的地方，这使太太非常开心。

（6）妻子希望男人重视她的工作

妻子希望她们的丈夫重视她们的工作，就像他们重视自己的工作一样。每次太太谈论她自己的工作时，男人应竖着耳朵细听。不用说，在这方面沟通好了，你俩之间的感情会越来越深厚。

男人的欣赏和赞美对妻子而言是一种向上的动力，妻子不仅可以从中汲取信心和力量，还能感受到成功的喜悦，得到心理上的满足和精神上的享受。挑剔只能拉远彼此的距离，赞美却可以使两颗心更加贴近。爱必须通过某些途径来表达，比如把你心里对她的欣赏化为赞美的言辞，这样爱才能在阳光下绽放，否则只能像假花没有香气，没有生命力，更不能在妻子心中激起感动和热情。

上帝把女人创造得太感性了，像一朵开放在晨曦中的茉莉花，细腻、轻盈，一阵微风都可能使她飘飘欲飞。男人的一句赞美也许会换来妻子一整天的快乐，而她的快乐正是你的幸福。一个好男人会在妻子需要的时候真心地对她说一句肯定赞美的话。而一个男人对女人的真诚赞美，会让女人因此美丽、动人。

爱她就要告诉她，人们往往是因为害怕得不到反馈而不敢把自己心中的想法说出来。但是，生活有时候就像一面镜子，当你给生活充满情意的一面时，生活给你的，往往也是相同的内容，甚至反馈得更多。

以身作则，给孩子个好示范

如果你希望孩子品行优秀，那么就以身作则，给孩子一个良好的示范。事实证明，以身作则比给孩子讲道理要有效得多。因为没有判断力的孩子很难理解你的长篇大论，但却会积极模仿你的行为。

有一天，一个爸爸去接七岁的儿子放学。在公共汽车上，一个身材魁梧的胡子青年莽撞地挤进了车厢，爸爸被他撞到了一边。

儿子马上冲过去拉住爸爸，并关切地问："爸爸，你没事吧？"同时，他恼怒地看了那位青年一眼，喊了一句："太可恨了！你怎么这么无礼？"

爸爸连忙喝止儿子，说道："可不能这么说，这位叔叔不是故意的。"这时，那位青年也不好意思地连连向他道歉。儿子听到这些，惭愧地低下了头。

过了几天，爸爸来到学校，准备接儿子回家，结果发现儿子走路姿势很不自然，挽起他的裤子一看，膝盖破了一块皮，还在流血呢。爸爸心疼极了，赶快找来一些纱布，将他的伤口包好。然后就去问老师是怎么回事，老师也很奇怪，因为她既没有看到他来报告，也没有听到他哭过。仔细一问才知道，原来他是课间时被同学碰倒摔伤的。

爸爸不解地问："为什么不告诉老师呢?"

他笑着说道："爸爸，小朋友不是有意弄伤我的呀！为这事，他已经深感不安了，如果我再去告诉老师，他会更加自责的。"

爸爸听了非常高兴，摸着儿子的头说："好孩子，你已经学会了谅解别人。"

年幼的孩子缺少辨别是非的能力，他们总是无意识地模仿父母的行为。爸爸是孩子的领路人，爸爸的言行举止无论好坏都会被孩子不自觉地模仿。好的行为被模仿，当然很好，但坏的习惯被模仿了，改变起来是很难的。因此，爸爸的言行举止一定要起到表率作用，这样才不至于把孩子引向歧途。

这位爸爸就给他的儿子做出了一个很好的榜样，因为他在孩子面前做出了谅解别人的示范，所以当儿子碰到类似的情况时，他也注意体谅别人，和爸爸一样的明白事理。

因此，生活中我们不妨多运用榜样来教育孩子，当孩子行为出现偏差时，父母就要给孩子一个好的示范，帮孩子纠正不当行为。

小磊是个八岁的孩子，在家里深得父母的宠爱。不过妈妈虽然宠爱他，却从不娇惯他。有一天，妈妈去接小磊时，听老师说孩子在学校表现得有点儿自私，总是只顾自己，不管别人，更不喜欢帮助同学。这让妈妈很忧虑，她决心好好教育孩子。

小磊家住在一座家属楼里，同楼层住着好几户人家，他们共用着楼道、厕所和厨房，因此打扫这些地方的卫生成了大家分内的事。从那天起妈妈经常主动地打扫楼道、厨房、厕所的卫生，还特意买了刷子、纸篓等东西，毫无怨言。

有一天，小磊又看见妈妈在打扫那些地方的卫生，就对她说："妈妈，您真傻。自己掏钱买刷子、纸篓，让大家公用，还经常倒纸篓、扫楼道。这些别人都没干，您为什么那么积极呢?"妈妈趁机教育儿子说："为大家服务是应该的!"小磊没再说话，可表情还是有些不服气。

有一天晚上，小磊待在家里写作业，写着写着钢笔没有墨水了。他在家里找了一会儿，发现墨水已经用完了。此时天色已晚，商店早就关门了，怎么办呢？作业还没写完呢？小磊焦急地望着妈妈，妈妈也感到无可奈何。正好住在隔壁的许阿姨来串门，知道小磊要用墨水，就立刻说："墨水用完了吗？哦，不要着急，我家有。"说完，她匆忙走了出去，不一会儿，她拿来了一瓶墨水，笑着对他们说："这墨水你们先用着，等我们要用的时候再来拿。"说完，放下那瓶墨水就走了。妈妈和小磊连连道谢。

妈妈认为这是教育小磊的好机会，于是她故意对小磊说："这个许阿姨真是太傻了，将墨水送给了别人，她能够得到什么好处呢?"听了妈妈的话，小磊愣住了，似乎一下子明白了一个道理，忙说："妈妈，阿姨是好人，这叫互相帮助。"

妈妈见小磊渐渐明白了其中的道理，非常高兴，又乘机说："小磊，你说得对，许阿姨身体不是很好，而且工作忙，每天早出晚归，非常辛苦；李阿姨家有个三岁的孩子，每天都忙得不可开交；赵奶奶年纪大了，儿女都在外边，没人照顾。远亲不如近邻，谁家有难处，我们应该伸出援助之手，尽量帮助他，而不能在一些小事上计较太多。”

听了妈妈的话，小磊惭愧地低下了头，红着脸说：“妈妈，我错了，以前太自私了，请您原谅。我以后一定要多帮助同学，绝不让您失望。”

从那以后，小磊真的变了，经常帮大家做一些力所能及的事。

小磊的妈妈教育孩子就很有一套，当她意识到孩子的行为偏差后，并没有严词责怪，也没有教训孩子，而是以身作则，用自己的行动去影响孩子、教育孩子，给孩子树立正确的榜样，这样既简单又有效地纠正了孩子的错误。

俗话说：“喊破嗓子，不如做个样子。”这完全可以用来比喻父母对孩子的身教。在这个世界上，孩子通过模仿而学习，他们的第一个模仿对象正是父母。孩子是父母的一面镜子，每位父母都可以从孩子身上看到自己的影子。因此，家长要求孩子相信的，自己必须相信；要求孩子做到的，自己必须身体力行；要求孩子全面发展，自己先要活到老、学到老；要求孩子少年早立志，自己的人生不能没有奋斗目标。我们很难想象，一位终日喝酒、打牌、“筑方城”的父亲，或一位每天把大量时间花在穿戴打扮、逛商场上的母亲怎么能给孩子做出勤奋学习的榜样；我们也很难想象，一对连自己父母都不愿赡养的爹妈怎么能教会孩子关心和爱；我们同样很难想象，整天琢磨占人便宜的父母怎么能培养出孩子健全的社会属性……为了孩子，检点自己的言行；为了孩子，提高自身的修养；为了孩子，以更加积极的态度对待生活；为了孩子，努力去拓展自己有价值的人生；让孩子在自己身边学会做人，父母必须先修正自身，给孩子一个良好的榜样。

家长要求孩子相信的，自己必须相信；要求孩子做到的，自己必须身体力行；要求孩子全面发展，自己先要活到老、学到老；要求孩子少年早立志，自己的人生不能没有奋斗目标。身为父母，一定要给孩子做个好榜样。

婚姻长久的秘方
——你值得拥有

先给大家讲个小故事：

在同学聚会上，当着众人，一位大老板的妻子突然蹦出一句：“女人是群不讲理的动物。”话音未落，多少双耳朵竖起来，跟着传来男士们的一阵掌声。但是，要紧的话还在后面：“正因为女人是没有理性的，所以与女人相处时，就不能用理性的方法来解决问题。想和女人讲理的男人是最傻的男人，和女人讲理相当于用鸡蛋砸石头。跟女人是有理讲不清的，即使讲清，丈夫胜利了，妻子的气能顺吗？如果妻子恼怒，她就会对孩子发火，也不会给丈夫好脸看。所以，聪明的男人请记住：让你家的女人高兴了，全家人就都高兴了。”

这时周围的男士急了：“那我们这辈子还不累死了吗？”“哄她啊，好女人是哄出来的。”

“谁说男人不要哄？”提问的男士也发话了，“男人就像孩子一样。父母不能天天对着子女重复：你怎么这么讨厌，你怎么这么笨，你怎么做这个，你怎么做那个。日久天长，丈夫的逆反心理越来越强，然后就偏要把那些惹妻子责怪的言行变本加厉地做下去。”

“这就是夫妻相处的艺术。”一直倾听辩论的老班长在旁边回答。

一对大字不识、没有读过一本书、讲不出任何大道理的农村夫妇，可以相爱终身，白头偕老；一个研究婚姻心理学的学者，读了万卷书，给了其他人数千条幸福指南，自身却还是光棍一条。所以，我们说，教育程度和文明程度并不是婚姻幸福的决定性因素。爱情终究是两个人的事情，需要两个人共同努力维持。两人感情若是破裂，绝不能完全责怪对方，自己也要负一定的责任。这个世上的的确确没有永恒的爱，因为爱像花朵，不浇灌，不栽培，迟早会凋谢。为了让你能找到一个称心如意的女朋友，你要谨记以下要点：

（1）让女朋友幸福是你爱情中的首要职责

关注女朋友并不是要求对方全身心属于你。空间是必要的，因为爱不等于占有，占有过度常会导致妒忌，而这种情绪并非因为爱，而是因为恐惧与不自信。

如果将来两人成为夫妻，要生活一辈子，如果每天在猜疑和恐慌中度过，还不如干脆分手。而且，许多人的疑问与恐惧，正是自己内心的写照。也许你自己做过出格的事情，所以你会怀疑对方也一样。爱是一种超然，该放手时就放手，给对方一个喘息的空间。宽厚、大度，才是彼此情感的基石。爱情没有公式，而是用心一点一滴去渗透。夫妻生活，不可能每一天都是最幸福的一天，但只要在每一天尽力把能做好的事情做好，就足够了。遇到一个值得爱的女人并不容易，不要老是想控制她或是改造她。记得一位著名的剧作家说过：“别乱改叫座的剧本。”

（2）多倾听，少说话

我们有两只耳朵，却只有一张嘴巴，这是为什么？也许上天注定，我们应该多倾听别人的讲述，少说一些无谓的话。在听与说的问题上，男人女人非常不一样。女人说话的时间是男人的数倍，而且女朋友对自己滔滔不绝的时候，最讨厌男人充耳不闻或是打断话茬儿。为何女人一定要交往其他女性朋友呢？因为她们太需要发泄，太需要讲出来，这是她们的习性。聪明的男人们不需要发表任何建议，只要把两只耳朵放大，努力地去听就好了，明白与否，并不重要。

（3）学会妥协与顺从，因为爱人之间没有胜负

一对情侣在平日生活中，对对方产生最大伤害的话是：“跟你在一起真亏，你根本配不上我。”在这样的话说出口时，你是否想过，既然他配不上你，你又为何与他谈恋爱？记住，在恋爱中，两人是休戚与共的，如果你不幸福，对方同样不会幸福。你是否知晓，你能给予对方最美好的礼物，就是你自己的幸福。英文里有句俗语：“大刃是锅，早晚会有一个盖子相配。”恋人之间就是盖子与锅的关系。

幸福的爱情绝非将军与士兵的搭配，而是将军与士兵角色不断变换中的搭配。瑜伽训练的基础是收放自如，阴阳结合，保持平衡，游刃自如……中国传统中的中庸之道，正是幸福婚姻必备的基础。妥协并非天生就能做到的，但却是在爱情路上牵手一生的人必须学会的内容。改变自己，完善自己，其实比期待对方的改变更加重要。这是一种重要的妥协形式，因为它是阳光的、主动的、积极的。无论事业、爱情，还是平日的交往，明白如何妥协的人，往往是充满自信、品格健全、善解人意的强者。记住，恋人之间没有胜负，要么双赢，要么两败俱伤。

（4）婚姻不是一半加另一半

婚姻不是你一半，我一半，而是你的100%加上我的另一个100%。如果把婚姻比喻成一个人的身体，那么男人是头脑，女人是心脏，两个功能相辅相成。有时会看到妻子也强势，丈夫也强势的家庭，双双主外，双双风光，但其实他们早已破坏了婚姻的平衡，内里的冷暖苦衷只有他们自己知道。他们是活得精疲力竭的人——除非这对男女是超人。男人心里知道，在事业上还没有站稳脚跟、生活压力还没有解决的时候，他们希望妻子与他们一起打拼。但是，当他事业有成，风光无限的时候，他就不需要妻子再与他平起平坐了。特别是在子女出生之后，一方必然要比另一方在家务上有更多付出——这是保持内部和谐的重要环节。现代社会里，大家越来越重视自我价值的实现。但是，这个实现在夫妻之间、婚姻中的度有何公式来测评？

婚姻中的平等，本身就是一个误区与错觉。男女天生就不一样，平等从何谈起？找到个人最合适的位置，远比在彼此竞争中实现自我价值真实、现实得多。千万不要通过婚姻使男人变得女性化，女人变得男性化。男人的迁就，不等于幸福，女人的超越，也不等于荣耀。

（5）不要将婚姻视同儿戏——结婚容易离婚难

如果两个人看对了眼，觉得应该住在一起过日子了，领个结婚证实在简单。然而，这份证书的分量却非秤砣所能衡量，

“闪电式结婚”实际上后患无穷。在离婚者中，许多人是在头脑发热、失去理智的情况下，走进法院匆忙了结了婚姻。本以为离了婚，就万事大吉了，其实不然。

（6）恋人红脸非坏事

一对相爱的男女最终走向离异，问题不在于两人是否志同道合，意见分歧有多大，而是双方在矛盾发生后，如何来解决！矛盾是正常的，恋人之间哪能没有马勺碰锅沿的事？只有勇敢地面对分歧，才能做婚姻中的勇者与强者。离婚往往是逃避者最好的托词。

健康的吵架是必要的。理念上的交锋，无论任何地方都会有，家庭里更是正常。问题不在于分歧，而是恋人间在争吵过程中，探讨、解决、妥协。如果被孩子看到，他们就会潜移默化地在现实生活中，学会思考，培养解决问题的能力。

第八部分

修养好性情，做个真男人

泡妞中要具备的超级心态

有时候帅气的男人或者富有的男人并不是最吸引女人的男人，反而最吸引女人的是自信的男人，是最有魅力的男人！

自信，跟成功是分不开的。你可以今天是一个自信但不成功的男人，但请相信，终有一天，你的自信会促使你成功，相信自己，做一个永远自信的男人！

台湾心理学博士吴静吉在一本书上面写道："自信是成功的一个重要的基础，如果一个人从来就没有失败过，那么，他无疑是个自信的人，但又是个不懂得害羞的人。不过，人多少都会遇到挫折，都会有失败的时候，而这失败和挫折都会使你的信心受到动摇，余下的便是你重新树立起男人的自信。"在这个意义上说，男人和女人存在着极大的差异。男人的自信大大地超过女人，所以，男人成功的机会也就比女人多。

有一位学者曾调查过不少女性，让她们回答男性的魅力应表现在哪一方面，几乎所有的答案都是相同的——自信。男性的魅力不在于容貌，不在于健壮，不在于高矮，也不在于所谓"男子气"，而是自信。男人如果没有自信心，就不可能坚强，勇敢，大胆，无畏，积极地追求生活目标和美好未来，也就不可能形成男人特有的风度——男子汉风度。在当代女性眼中，有自信心的男子最有魅力，作为女子，谁不希望自己能与一个顶天立地的男子汉共同生活，哪一个不希望自己的终身伴侣是一个坚毅，刚强，不畏任何艰难困苦，敢于面对挑战，不断追求进取的强者？谁又愿意与一个怕苦怕累，对生活毫无信心，悲观失望，浑浑噩噩的男人相依为命？

一位女大学生说道：“只要一看他的眼睛，我就知道我是否应该爱他。”一位女医生也说：“如果他的眼睛老是在转动，那说明他肯定缺乏自信心；如果他的眼睛不敢和我对视，那他就不配成为我的心上人。”俗语云，潇洒随着自信生，男人拥有自信之重要由此可见。自信的男人大体分两类，其阳中之阳者，乃社会上之伟人杰士，大多历尽磨难，饮遍沧桑。其阳中之阴者，乃知天信命，安贫乐道者，他们大都闲适人生，平淡从容。

男人的自信表现在事业上更具魅力。如毛泽东之“自信人生二百年”；如岳飞之“直抵黄龙府与诸君痛饮尔”；如周郎之“谈笑间，樯橹灰飞烟灭”；如李白之“天生我材必有用，千金散尽还复来”。但是自信的男人并非永远自信，他们身上又都存着不自信。古人云，有所为，必有所不为。同理，有所自信，必有所不自信。如周郎之“既生瑜，何生亮”；如李白之“举杯消愁愁更愁”、“拔剑四顾心茫然”；如杜甫之“同学少年多不贱，五陵裘马自轻肥”；如曹操之“何以解忧，唯有杜康”；如诸葛亮之“六出祁山，未竟全功”；如项羽之“虞兮虞兮奈若何”；如刘邦之“安得猛士兮守四方”，他们的自信造就了历史，他们的不自信也在打造着个人的人格魅力指数。

男人的自信有时候就像一块未成器的璞玉，因此自信也是男人的易碎品，很容易被女人打碎，有时，仅仅是一个鄙视的眼神、一个不耐烦的动作。当然，男人的自信也容易被女人唤起，只要女人给他足够的崇拜感。说实在的，一个再失败的男人，也希望有女人崇拜他。那么他才不会对自己完全否定，他才会重拾信心，走向成功的彼岸。

朋友李，在别人眼中，绝对是一个糟糕的男人。1.8米的个头，身强力壮。正年富力强却从单位下了岗。此后干什么都不顺，只好出卖苦力，刚开始却扭伤了腰。好不容易在朋友的帮助下，才在一个商场找了个看管车的工作。

那天我从商场里出来，夜空飘起了雨。见李正在招呼取车的人。我静静地看着他，为他感到悲哀。我没有同他打招呼，免得他尴尬。快离开的时候，雨点突然劈头盖脸地大起来。只听见李喊了一声："你们来干什么?"李的妻儿从马路对面小跑而来，儿子还大声喊着："爸爸，爸爸……"这一刹那，我突然为李感到幸运，当一个男人在生计上混得并不如意的时候，妻儿依然可以微笑地递上一把伞，这无论如何都是一种幸福。我赶紧上去同他们打招呼，发现李的妻子依然用崇拜的眼神看着丈夫。我就感到李不会永远是这个穷样的。不久，我就知道了李找了个好工作，如今的李可说是个要风得风要雨得雨的成功男士。

要知道，自信是步向人生成功的基石，缺乏自信，往往是男士们无法找到伴侣的主要原因。

男人的自信有时候就像一块未成器的璞玉，没有虚华的外表，有的只是真实的内涵，身为男人的你要知道，泡妞过程中，只有自信才能让你走得更远。

女人眼中的好男人

恋爱是男人的人生必修课。一个不懂得恋爱的男人一定不会爱别人。一场轰轰烈烈的恋爱最后不管结局是好是坏，参与者都能有自己的收获。男人们，让自己谈一场轰轰烈烈的恋爱，让自己懂得如何去爱别人吧！

男人对女人的要求很高，女人同样对男人有自己的要求，女人对男人的要求除了生活上的，还有精神上的。男人，要想找到心目中理想的女性，就要先了解女性的择偶标准，了解女性是如何看待自己心目中的男人的。那么，女性心目中的好男人是什么样子呢？

（1）对生活负责

婚姻有时候更多的是责任，有责任心的男人会勇于承担，跟这样的男人在一起生活，女人会觉得踏实而安全。有责任感的男人是个顾家的好男人：生活上懂得体贴妻子，懂得照顾妻子，心中能够牵挂着妻子孩子，并能够适当地帮助妻子做些家务，细心地照顾一下孩子。如果一个家庭碰上些麻烦，男人就急忙躲开，在女人看来，他不但卑鄙，而且可耻，没有一个女人愿意选择这样的男人。

（2）心态平和

如果一个男人不能以一颗平和的心去看待自己的得失，整天愤世嫉俗，怪社会不公，怨生活不平，那么女人和他在一起也会影响自己的心态，变得容易偏激，造成巨大的心理压力，这样的生活她是不会觉得快乐的。尽管这个世界已经习惯以一个人事业上的成功来衡量一个人的价值，但事实上，一个人的价值还在于他的存在对别人是否重要。即使那个人不能在事业上取得与其他人一样辉煌的成就，但是他的平凡生活对他身边的人一样很重要就代表有价值。

（3）交际自如

男人不仅属于家庭，属于妻子，他更属于社会，属于工作，因此，女人要求男人具有较强的社交能力。当然，这并不是说丈夫一定要活跃到见人就笑、见手就握的那种地步，也不需要他在社交方面一定要有强硬的手腕，但起码不能做什么都羞羞答答，不善言语，两个人一起出去应酬，他只知道站在一旁傻笑，找不到话题与同事和朋友交谈，凡事都需要妻子出来撑场面，这样的男人会让妻子觉得脸面无光。

（4）有足够的钱给生活提供保证

要过日子，首先就要有一定的经济基础，大多数女人是不会只为了爱情而选择跟一个男人在一起，女人需要爱情，但也同样需要“面包”。女人当然不会和金钱结婚，但是如果一个男人连孩子的奶粉钱都拿不出来，这个月初就开始担心下个月的供房贷款，那么，这份苦日子估计也就只有你自己过了，毕竟“经济基础决定上层建筑”嘛。

对很多女人来说，最理想的男人不一定非要拥有万贯家财，只要有爱情存在，有一定的感情基础，那么男人有一份稳定持久的收入就可以满足女人对生活的要求。

（5）男人气概

女人还要求男人能有点儿大男人气概。这里说的大男人气概，可不是说大男子主义，那种典型的在家里一点儿家务也不做、衣来伸手饭来张口的男人不可取。日常生活中的女性渴望的是她在外面受到欺负时，你能够挺身而出，毫不犹豫地为她出头，真真切切地保护她，有哪个妻子不希望自己的安全能够受到男人的保护呢？

最后，还有一点要补充一下，女人还要求男人应该身体健康。她可能并不要求自己的男人有多么的威猛高大，但一定要身体健健康康的。

以上这些都是女人对一个男人最基本的生活要求，除此之外，女人在精神上对男人也有一定的要求。

（1）对自己要忠诚

相信所有的女性都不愿意自己的老公“红杏出墙”，不愿意自己天天接到陌生女人的电话。虽然花花世界充满着太多的诱惑，但好男人应该在精神上（当然也包括身体）忠诚于自己的妻子，不在外边拈花惹草，惹妻子伤心。

现在男人常常觉得女人太“花心”，太善变，其实换个角度看，这实质上是女人追求个性解放的必须代价。从本质上讲，女人跟男人一样，都是“花心”的，如果你还要求妻子从一而终，那已经不太可能了。女人花心也是对男人的一种挑战，客观上促使男人要提高自己的质量，以不断进步的状态去面对女人的变化，那么从自己做起，保持自己对爱人的忠诚就是一个好男人的分内之事。

（2）男人一定要独立

男人心理的独立是女人很看重的，她可不喜欢一个毫无主见、“乖宝宝”型的男人，整天“妈妈说这样，妈妈说那样”的没完。一个男人，首先在精神上应该是坚强的，是真正具有男子汉气概的。当然，这不是说就是不孝顺，孝顺的男人很善良。但是，夫妻之间的所有事都要征求家人的意见，自己没有一点主见，这样在妈妈面前的“乖宝宝”，女人是坚决不要的，因为她感觉不到一点放心的依靠。记住，她嫁的是一个男人，而不是男人的母亲。

如果你是失败过一次就怨天尤人、委靡不振、跌倒了就想到母亲那里哭诉的男人，就不要想得到优秀女性的芳心了。女人需要有安全感的男人，如果她找的老公不仅不能够在生活上照顾她，还要经常在她面前哭诉自己的不幸，让她也承担他实际上是可以自己挽救的痛苦，这样的男人是非常失败的男人，女人会鄙视他。

（3）懂得浪漫

女人拥有一颗玲珑之心，她们无时无刻不充满对浪漫的渴望，懂浪漫的男人、善于制造浪漫的男人是非常容易打动女人心的。女人希望男人能够给予她精神上和心理上的重视，希望男人时刻想着她，即使男人做不到，但一定要表现出能够做到的样子。如果你能够在适当的时候，为女人制造点儿浪漫，比如偶尔送她一束鲜花、一份她念叨很久的化妆品，或者一份精心准备的小礼物，都会让女人在精神上感到愉悦不已，因为她会觉得男人很关注她，重视她，这样她对你的感情自然就加深了。

（4）拥有非凡的气度

小家子气、畏畏缩缩的男人是引不起妻子青睐的，即使你很爱她，但是却常常因为一点点小事就吃醋，也不管她是因公与上司出去应酬，还是因私与多年不见的朋友聚会，回家后你都要跟她大吵大闹，或者阴沉着脸半天不搭理她，这样的你是自私的。虽然你爱她，可她也是一个独立的个体，她也有自己的生活圈。当然，你会说你是因为爱她才吃醋，可是不要忘了，爱一个人也要给她自由，她可不光是天天留在家里为你洗衣做饭的家庭主妇。

（5）能主动和妻子交流

互补性是夫妻关系的结合点，女人更是这样，缺少了什么，她就有可能去寻找什么，尤其在精神上最为关键。妻子很在乎与男人的沟通和交流，这一点男人一定要清醒，要知道女人的要求与男人永远是有差异的。

恋爱是男人的人生必修课。一个不懂得恋爱的男人一定不会爱别人。一场轰轰烈烈的恋爱最后不管结局是好是坏，参与者都能有自己的收获。男人们，想谈一场轰轰烈烈的恋爱，首先要知道女人眼中的好男人是什么样的。

成熟男人的致命吸引力

为什么成熟男人惹人爱呢？可能是成熟男人有丰富的人生阅历，他能细致地发现、细腻地引导女人的情绪变化，给她关于人生的中肯建议；或者更可能是成熟男人都喜欢稳定，清楚地知道自己要什么，更有责任感，他们可以给女人稳定的感情和婚姻，让她时刻有安全感。

成熟男人散发出的诱人芬芳，沁人心脾。女人对这种香是无法抵御的，成熟的男人总是惹人爱。

成熟的男人兼具父亲和兄长的角色，身上既有丰富的人生阅历和沉甸甸的成熟魅力，经济上也略有积蓄，对女人更是细心呵护、关爱有加，所以，他不仅令二十多岁的女孩儿动心，也进入到30岁的少妇乃至与其年龄相当的中年妇女的心坎儿。

一个成熟男人是所有女人的梦想，如果把成熟男人比作一枚女人所向往的钻戒：宽容——铂金钻戒的指环大小，寓意着他的宽容和气度能否被她所接受；欲望——钻戒的克拉，寓意着他的事业与钻石的克拉是成正比的；诚实——钻石的内在折射光，寓意着它是男人的内在闪光点。

（1）诚实

诚实在这解释为——勇敢诚实地面对任何事。说起来像平常吃饭一样容易，可做起来却比想象的困难，其困难程度不比登珠峰来得容易。台湾作家柏杨写过一本《丑陋的中国人》，我记得在书中有过这样一段话："一个人犯了一个错误，会用10个甚者20个错误来掩盖第一个错误。"听起来有些绕口，但细细看来它像空气一样普遍存在于我们的生活中。简单一点说吧，就是某人为了一个错误的行为而撒谎。大多数男人在外面会对另一个女人谎称自己是单身，而其用心和目的也是显而易见的。在其目的达到后，会因在双方夹板般的痛苦生活所逼迫下，继而主动向一方坦白。目前社会上在提倡明明白白消费，消费者有权在消费前得到商家对产品的一个详细告知，而在这里，消费者（女方）很难得到一个明明白白消费的可能，顺便说一下对于这种伪劣很难去消费者协会投诉。

(2) 欲望

一个男人要有欲望，有强烈欲望就有实现欲望的行动。最让女孩儿动心又使其为之骄傲激动的，莫过于看着自己心爱的男人一步一步去实现和达到他的事业巅峰时的那种快感。再回首一看，整个欲望行动的过程不就是一个成熟男人的成长过程吗？一直有听到一句话：男人嘛，无财没有关系，但一定要有"才"。相信这句话也就是表达这个意思吧！通过这句话也能看出每个有条件的女人都想参与一个成熟男人的成长过程，如果没有条件的话，但至少想观看他实现欲望的过程。那将是女人甘愿为之付出任何代价的，那也将是成熟男人值得骄傲的一刻。女孩儿对男孩儿有期待的过程，而一旦期待得到实现，这个过程将是人生中得到的最大一笔财富。

(3) 宽容

在这里所说的宽容是指成熟男人特有的一种气度。这种宽容和气度是体现在对待事物和对待别人的一种行为表现。宽容，它本身是一种美德，而气度则是从宽容中延伸出来的专为男士们量身定制的，就如类似男士的古龙香水一样，也可以把它比作绅士风度。如果一个男人遇事表现出他的宽容，则体现了他对事物的熟知程度，也不同程度地体现了他的个人魅力。如果一个男人表现出他的气度，则会得到他人的认可和尊重。

哲人说："眼睛乃是心灵的窗户。"看一位男人是否成熟，首先要观其眼神：成熟男人的眼神是既深沉又温柔的，他看世界时是深沉的，他看女人时是温柔的，他的温柔如毒药般，可以让女人为此而沉沦，这其中还含有让女人怜惜的淡淡的、忧郁的味道。

成熟的男人并不需要潘安的相貌，他将感情深深地藏于心底，不会轻易地表达出来。他用默默地付出来证明感情的存在。他对喜欢的女人除了温柔的注视，还有对女人急躁性格的极大的宽容。正是他的这种藏而不露，反而增加了女人的好奇心理，女人想了解他越多，被他成熟的人格魅力吸引的概率就越大，于是女人自投罗网也就不足为奇了。

成熟的男人一般比较沉默，不会像年轻人那样去张扬，他不会去开花里胡哨的玩笑，更不会去哗众取宠；他若喜欢一个女人，会用自己成熟的言行去引起她的注意，但他又不会轻易地对这个女人提起"爱"这个字；他不会像年轻男人那样问："我可以吻你吗?"他已经懂得吻女人不需她同意，他深深懂得不宣而吻是偷心（前提是这个女人已经喜欢他），因为他在同女人的交往中，善于发现她眼神的变化，他可以感受到她感情的加温，当达到一定的温度时，他敢于毫不胆怯地吻她，他明确知道这一吻，会让女人觉得是多么的浪漫、多么的幸福。

成熟的男人也不需要酷酷的外表（能有当然更好），因为他懂得爱一个女人、爱一个家庭的前提是必须先爱自己，他爱惜自己的身体，他懂得健康的体魄对女人的重要性，于是他不沾烟酒或尽量少沾烟酒，他会把女人和孩子当成最重要的财富、最重要的宝贝。

成熟的男人懂得如何对自己的女人使用善意的“谎言”，并将之当作家庭生活中的调和剂；他知道女人好幻想、好浪漫，他对自己的女人体贴恩爱，对孩子关心呵护；他懂得女人在厨房忙活时，只需过去说一句暖心的话或轻轻地一个亲吻，或从背后柔柔地拥抱，或给女人一个会意的眼神，便会让女人感觉到自己是那么的被他、被家庭所需要，感觉到自己是整个家庭的顶梁柱，而累死累活也是心甘情愿，不但毫无怨言，反而觉得自己是世界上最幸福的女人而心满意足。

成熟魅力男人的处世原则：

（1）成熟的男人应该有经济基础，尤其是成熟到想成为一个女人的丈夫。

（2）成熟的男人应该有事业基础。也许发财并不是每一个男人都能做到的，但如果你自己都觉得一事无成，在女人心目中又怎能立得起来呢？

（3）成熟的男人知道自己想要什么，而不是什么都想要。懂得坚持也懂得放弃。

（4）成熟的男人勇于承担责任，虽然有些过错并不是他造成的。

（5）成熟的男人是宽容的，过于计较是男人最不能原谅的错误。

（6）成熟的男人懂得珍惜和照顾女人，出去郊游，他一定不是自顾自跑在最前面的人。

（7）成熟的男人不会在大街上和女人吵架。

（8）成熟的男人不会强迫女人穿他喜欢而她不喜欢的衣服。

（9）成熟的男人不会随便和女人开低级玩笑。

（10）成熟的男人让女人知道她错了，却不会让她没面子。

（11）成熟的男人让女人放松而不会让女人紧张。

（12）成熟的男人在女人面前既会做父亲也会做儿子。

（13）成熟的男人会把他的儿子培养成真正的男子汉。

当然，成熟的男人对外面的女人而言同时也是危险的男人，他很能吸引外面女人的眼光，是真男人都不能排除好“腥”的天性（有些只是敢想而没敢做罢了），偶尔也会寻找更新的刺激，去沾沾“野花野草”，但是，他不会因此去真正地影响到自己的家庭，就是万一东窗事发，只要不是被“人赃俱获”，就是打死他也不会对自己的女人承认，因为他已经深深地懂得组成一个家庭的艰辛，懂得维护一个家庭的重要。

总之，成熟的男人，是那么的让女人向往，是那么的让女人着迷，却又是那么的让女人胆怯，是那么的让女人害怕！

一个成熟男人是所有女人的梦想，亲爱的男士们，为了心中的那份珍爱，努力变得成熟起来吧！

做一个有风度的男人

纵观大千世界，芸芸众生。无数痴男怨女在人生的长河里或搏击风浪，或急流直下，或叱咤风云，或随波逐流。女人经常无奈地感慨：“现在没有好男人了。”

我们也时常听到男人由衷地埋怨：“现在的女人也不女人了！”难道我们的世界真的成为五颜六色的花花世界了吗？难道当今的社会真的没有好男女了吗？在女人的眼里什么样的男人才能被称作“好男人”呢？说来说去，还是真正的有风度的男人屈指可数的缘故。那么，什么样的男人才是有风度的男人？

女人讲气质，男人讲风度。光有英俊潇洒，仪表堂堂的外表的男人就是有风度吗？并非如此，正如漂亮的女人并非气质女人一样。此类男人往往以外表荣耀，过分地装饰自己的脸面，以所谓英俊潇洒来博取女人的青睐，满脸的自负，满口的甜言蜜语，庆幸父母给自己一副天生的好皮囊，其实腹内草莽，自以为是，普天之下唯我独尊，这样的男人何谈风度？

博学多才，满腹经纶的男人难道就是有风度吗？并非如此，高学历的男人并非就是风度男人，此类男人往往自视清高，目空一切，仿佛天下人皆是笨蛋，智商无人能及。任何事情他都会挑出毛病，任何人的水平都及不上他。一切事物均不在他眼里，牢骚满腹。似乎天下唯有对他不公平，常有天生我材无处用，事事无公平的感慨。埋怨、嫉妒、甚至藐视一切的心理经常暴露无遗，这样的男人何来风度可言？

腰缠万贯，官高爵显的男人就一定有风度么？并非如此，此类男人往往好投机钻营，趋炎附势。把金钱视为生命，巴结权贵，为了钱可以做一切事情，为了钱，自尊、亲情和朋友都荡然无存。为了升官发财不惜抛弃做人的尊严，阿谀奉承、溜须拍马、奸诈奸佞、欺上瞒下。这样的男人只能够称为金钱的奴隶，一旦失去金钱与权力，往往如同丧家之犬。此等小人何来风度可言？

那么忠诚老实、胸无城府的男人就一定有风度可言？只能承认此类男人是作为朋友的最佳人选。但此类男人往往过于沉闷，与他在一起毫无情趣可言。宽厚而缺乏细致，诚实而缺少精明。大小事情一律一带而过，过于认真而缺乏幽默，偏于死板而不够灵活，做事按部就班，不敢越雷池半步，没有自己的特点，没有个人的观点，习惯不修边幅，事事以实用为原则，常常给人以邋遢的感觉，自然也就没有风度可言。

“风度”，是一个有魅力的字眼儿，人的风度是心理素质和文化修养的外在体现，它能反映出人的道德、思想、性格、气质、学识、处世态度和交际的诚意。风度也可看作是人在社交活动中所有的言行举止的总和，包括精神状态、待人态度、礼节仪表及言谈举止等。这些因素制约着男人在交往对象心目中的形象，也影响着对方以什么样的方式对你做出反应。那么，男人应该如何培养自己的“风度”呢？

(1) 洒脱的仪表，周到的礼节

仪表和礼节是人初次见面所要接收的信息，第一次印象就从这里产生。一个人样貌端庄，俊逸潇洒，就能使人产生乐意接近的魅力。这种魅力不仅来自相貌和服装，而且来自人的气质。周到适宜的礼节，是人的内在品质的流露。得体的礼仪则使得交际可以顺畅地进行，你敬重别人，别人也敬重你，一个良好的开端是成功的一半，如果第一印象好，那么以后就感到情感的距离近多了。

（2）饱满的精神状态

一个男人神采奕奕，精力充沛，显得自信和富有活力，才能较好地激发对方的热情。如果无精打采，有气无力，会使人家觉得你并不乐于交际，兴味索然。即使你有交际的诚意，对方也难以理解，因为你言行不一。

（3）诚恳的对人态度

对人应当诚恳而坦率。对人不应居高临下或卑躬屈膝，这都是不应该的或不必要的。言谈之时也可看出态度是否诚恳。切忌支支吾吾，言语和表情自相矛盾。比较恰当而中肯的待人态度是端庄而不矜持冷漠，谦逊而不矫言伪行。

（4）适当的表情动作

人的体态和面部表情，是沟通人际关系的非语言交际形式，也是风度的具体表现方式。从体态来说，上身倾向于对方，表示兴趣与热情，也显得谦恭有礼；身体后仰，显得坦然随便，但有时会显得过于傲慢；侧转身子，表示嫌恶与蔑视；背朝对方则很不礼貌，意味着不理不睬。在面部表情上，自然微笑，是友好热情的表示；如果肌肉紧绷，面若冰霜，不是心有敌意，就是过分拘谨，因此别人就不易接近了。

在说话语调上，语气应柔和自然，诚恳友善，切忌阴阳怪气，冷嘲热讽。当然也要掌握好谈话时阳刚与阴柔的分寸。朴实大方，温文尔雅的行为，能正确地表达你的愿望，粗俗不雅观的动作使人讨厌，给人留下很不好的印象，也根本谈不上有什么风度。高雅的言谈举止，是社交中必须具备的素质和修养。培养社交风度是一项系列工程，涉及方方面面，需要长时间的体会和锻炼。每个人的风度不可能是千篇一律的，一个人身上优雅的风度到了另一个人身上就不一定合适。所以每个男人都应培养适合自己的性格特点的“风度”。具备了自身的优雅风度，畅游于社交之海，才会自如洒脱，才不会再为自己有无风度而心有余悸和压力。

西方国家都有女士优先的规范，或者说已经成了一种习俗。女士优先原则的核心精神是：要求成年男子在任何时候，在任何情况下，都要在语言上尊重妇女和呵护妇女，都要在行动的各个方面照顾妇女、帮助妇女和保护妇女；无论是对年长的八旬老妪还是青春貌美的白领丽人都一视同仁。如今，很多女士们保持了应有的风度，那么男性公民应该怎样做呢？做到完美是不现实的，不过男性完全可以保持良好的风度。

保持你的风度，来自你的内在修养，对工作对事业，做到优质、周到、热情及真诚，这也是你个人综合能力的集中体现，在工作中多学习，在实践中逐渐成熟，更不能忽视书本知识、专业知识，心理学、社会学、人际关系学及美学等。凡有所学，皆能受益，总能使你悟出很多道理。充实自身以后，你的气质，你的言行，绝对有一个较大的提高。你有没有修养与知识，通常别人跟你一说话就能感觉得出来。所以，社会迅速发展，就业竞争越来越激烈，这就需要我们每个人必须具备竞争能力，一旦拥有发挥自己才智的工作环境，你的所思所想、你的风度表现得如何，完全取决于你平时的积累——知识积累、业务水平、道德情操及忧患意识等。

做到女士优先应不仅仅停留在口头上，更重要的是从行动上体现男人的风度与修养，应随时保持你的绅士风度，让人感觉你确实既有风度又有素养。那么，你的人际环境就会更和谐、健康、进步与美好。

那么在女士面前，该怎样表现你的绅士风度？俗话说："男女搭配，干活不累"，这表明了男女之间可以优势互补、相得益彰，但是男女毕竟有别，所以要特别谨慎，对于男子汉来说更应如此。要记住你是一个男子汉，时刻表现出应有的"绅士风度"。

（1）不要忽视你周围的女人

如果她漂亮，你应该说她真美；如果她不漂亮，你可以夸她聪明；如果她不聪明，你可以夸她心地善良；要是你认为她心地不够善良，你可以夸她有个性；即使她毫无个性，你还可以夸她富有气质，性情随和。总之，她总有你赞美的地方，你也应该找到赞美她的地方。

（2）不要在女士面前和盘托出你的罗曼史

尽管那段历史曾经令你心动，并富有传奇、浪漫的色彩，也不能成为你炫耀自己的资本。因为，在女人看来，一个向外人展示自己隐私的男人，不是花花公子就是浪荡公子。

（3）不要轻易向女人借钱

向女人借钱，表示你能力不足，水平有限，不到走投无路，千万不要动这个念头。即使是修房子或买车子这样的大事，如果自己财力有限，也最好向男士去借或向银行贷款，以保全男子汉应有的面子。而那些借了女人的钱却不归还的，则更令女人所不耻。

（4）不要在女人面前口无遮拦

男士在一起嘻哈打笑性情使然，得意处说点儿脏话也无伤大雅。可在女士面前就不同了，最好三缄其口。在女人面前如果说脏话、痞话，说明你缺修养，少教养，对女人极不尊重。

（5）不要与女士争强斗胜

古往今来，“男不与女斗”始终是展示男子汉气质与风度的重要准则。当然，学习上、工作上或事业上的合理竞争不在此列。

（6）不要在女士面前过分表现自己

适当显示自己的能力和魅力也许有益，但表现欲太强了，就会让她们看出你的虚荣心。与女人相交，纵使你学富五车，才高八斗，也没有必要去炫耀、去吹牛，因为说多了，会给她们留下“夸夸其谈”的印象。

（7）与女人约会一定要守时，不要迟到

守时就是守信。约会不守时或者失约，对方就会把你看成一个不守信用、缺乏诚意的人，从而离你而去。女人是爱美的灵性动物，是美的天使。即使你容貌英俊，谈吐优雅，学识丰富，但如果穿戴不整齐，有些时候甚至过于随便，都会使你的高大形象大打折扣。

（8）不要在女人面前显得过于寒酸，也不要挥金如土

想想看，一个男人吃饱喝足、嘴巴一抹等着女士买单，那场面肯定是十分尴尬的，你的男子汉气质也会从此一扫而光。但同时也要注意，花钱大方是应该的，如果挥金如土、失去节制就不好了，那样只会给人留下“败家子”形象。

（9）不要对女人随便许诺

女人都是细心之人，对诺言总是特别认真。对女人随便许诺，表面上虽能展示男子汉大丈夫气概，但一旦不能承诺或不能完全践诺，女人就会对你产生失望甚至怨恨，认为你是一个不稳重、不负责的人。

（10）不要对一个女人说另一个女人的坏话

尽管“女人的敌人是女人”，很多女人好嫉妒、爱虚荣，但有时她们也会冷静思考，来个逻辑推理。如果你对她讲另一个女人的坏话，她嘴上赞同，心里却会想，他会不会对其他女人说我的坏话呢？进而丧失了对你的信任。

（11）永远不要对女人“下跪”

有道是“男儿膝下有黄金，只跪苍天与娘亲”。如果你为了求助或求得女人的同情而向女人“屈膝”了，也许能博得心软女人的同情与支持，但很多情况下她们认为你是一个没有志气、没有朝气、没有骨气的人。

当然，总的原则就是对女士诚实、尊重，落落大方而不卑不亢，还要注重把握细节，使其为你与女士的交际增辉添彩，这样，你就会成为名副其实的“绅士”。

“风度”，是一个有魅力的字眼儿，男人的风度是个人心理素质和文化修养的外在体现，它能反映出人的道德、思想、性格、气质、学识、处世态度和交际的诚意。男士们要牢记的是，有风度，才能获得女士的青睐。

酷男人是“装”出来的

俗话说：穿着打扮往往能够反映出一个人的文化素养。相亲中，如果男人们身着西装，既能表示出对女方的尊重，又能表现出自己的独特魅力。

为了穿着更有魅力，你需要记住一件事。你穿着个性的外套、造型独特的牛仔裤、个性十足的板鞋……这些当然可以让你更有魅力。但不管你怎样装扮，都不如穿西装。

男人都会认为那些拥有“长长的秀发、迷你裙和纤细的双腿”的女人很性感，进而会产生好感，而那些穿着军装式裤子的短发女生则很少有人会认为她们很性感。

女人又是怎样看男人的呢？从那些成熟的女性口中往往能得出一个共同的答案：“男人穿正装时挽起袖口勤奋工作的样子最有魅力。”似乎可以这样解释：“穿着商务衬衫的男人都是为了养活女人和家庭而在努力地工作，所以女人都觉得这种男人非常有魅力。”

也就是说，西装是最能展示男人魅力的服饰。可是在那么多的衣服中间，为什么偏偏是西装呢？比如说有利落的外套，有显得很年轻并且非常有感觉的牛仔裤，还有板鞋……

西装是品位和正式的代名词。想想一个国家的总统或是政治家、CEO 们出现在公众场合的时候，大部分都穿着非常正式的西装。拥有重大影响力的他们出现在人们面前的时候，为什么会选择穿西装呢？因为西装代表了男人最基本的“品位”。

在现代服饰史上，西装作为非常有品位的男性服装，统治了男性正式服装长达两百多年的历史。这种品位从某种角度看也是一种礼仪，是双方为进行沟通而遵守的最基本的服装礼仪，它包含着这样的思想：“我不会随便应付你，希望你也不要随便应付我。”

对女人来说，身体暴露得越多，越能展示自己的魅力；但是对男人来说，越是含蓄越能够展示自己的魅力。西装是男人最有品位、最含蓄的服装。想想西装的边线就知道了，非常笔直，没有任何多余的地方，所以非常完美地“包裹”住男人的身体。不管在哪个部位，西装都没有圆形的曲线。再加上衬衫、领带及坎肩等烘托出来的紧张感，更是让人感觉非常挺立、威严。这种紧张感意味着男人做好了以最佳状态应对战斗的准备。

女人对穿着西装的男人有幻想意识。平常不怎么看上眼的男人穿上西装的时候，女人可能就会产生“真想和这种男人恋爱”的奇怪想法，正如男人看到非常有魅力的女人时都会有“想和她交往”的想法一样。

但是，找到适合自己个性的着装并不容易，因为很多时候我们都很难说清楚自己的个性。想成为有型的男人，应该有可以追随的原则。对极度渴望成为魅力男人的着装问题，大家的一致看法是：“选择的就是合适的。”不过这个原则在实际生活中没有什么作用。我们在这里要公布一份《西装指南》，为即将踏上征程的男人们选择更合适的西装。

在选择西装时你至少需要考虑以下几个问题，它们对你选择西装会有莫大的帮助。

(1) 购买还是定做

其实这是选择西装时最重要的问题，不过大部分情况下都被忽视了，因为很多人一想到要购买西装，就会联想到店铺里的那些打折宣传单，而不去考虑定做。店铺里的西装一般都是已经做好的成衣，即“ready - made”，成衣是根据绝大部分人的体型标准设计的，但你并不能保证自己一定属于那绝大部分。所以在购买西装之前，需要考虑一下你的体型是否符合标准的体型，如果体型比较特殊，比如说肚子凸出得很厉害，或者是肩膀宽度超过常人等，定做的西装可能更加适合你。

定做服装是专门为你而做的，比任何一件成衣都合身。不过，定做一件西装可能需要花费购买成衣的好几倍的时间和金钱，而且价格的选择也不像购买成衣那样有很大的选择余地，并且还有一定风险，因为即使是最高水平的裁缝做出来的服装都可能和你想象的有所差别。

当然，除了购买成衣和定做之外，还有很多其他选择。比如先参照很多个做好的西装样本，然后根据你的身材和选择的样本来做出最适合你的西装。在小规模的定做西服店里，可能会担心使用的布料质量以及裁缝的水平。但如今很多大品牌西装也开始提供定做服务，比如意大利的杰尼亚品牌男装就提供定做服务，这样就减少了你的后顾之忧。

(2) 是选贵的还是性价比高的

事实上，价位和品牌是购买西装时最关心的两个因素。选择两千元的，还是选择两万元的，可能没有人会因为这个问题而苦恼，一般都是根据个人的经济条件来选择的。

不过，一定要记住的是，就像刚开始说的那样，西装是你在战场上的“盔甲”，所以没有必要在上面减少投资。

（3）是天然的还是合成纤维的

材料是西装的生命，西装的材料一定要选用天然纤维制成的。最近的西装大都使用天然纤维材料，不过偶尔还会碰到使用合成纤维做成的西装。如果你是去参加朋友的婚礼或是参加毕业典礼这种一天就结束的活动，穿合成纤维的西装也没有什么问题。不过不要忘了这种西装是一次性的。一般来说，人们对你穿的天然纤维材料的西装，可能不易区分丝绸是120还是180，不过你穿合成纤维做的服装，别人一眼就可以看出来是便宜货，所以一定要记住。

秋冬季西装一般使用开司米材料，春夏季西装一般使用亚麻、马海毛材料，西装裁缝把所有材料统称为“毛料”。一般在材料上面贴的120和180的数字是表示丝绸的厚度，数字越大，厚度越小。所以，标有180的西装可能比标有120的西装更加轻薄、更加舒适，当然价格也更贵。

（4）黑色还是棕色

许多男人穿西装时非常喜欢黑色和蓝色。穿棕色或者是灰色西装的人可能都不到1/10。透着自然光色的棕色西装或者是分布有条纹的灰色西装，不管怎么看，都能给人一种非常干练的感觉。这样的西装在你进入社会五年之后购买也不晚。对于刚踏入社会的人，可能蓝色是最合适的。如果穿着棕色双襟西装去面试或者去上班，就好像士兵穿着将军的服装上战场一样，是非常尴尬的事情。

穿深蓝色西装的人能给人一种端正、镇定的感觉。并且搭配领带的时候，深蓝色西装和各种颜色的领带都能搭配，所以对刚步入社会、很少穿西装的人来说，这不失为一个比较好的选择。当然黑色的西装也不错。蓝色西装可能给人冷淡的感觉，黑色西装却能给人诚实的感觉，只是黑色看起来有些死板，所以需要领带或者其他配饰来增加点色彩。

(5) 选择什么样纹理的西装

在考虑选择什么样的纹理之前，首先要决定是需要有纹理的，还是没有纹理的。对刚开始穿西装的人来说，选择没有纹理的是最安全的了。因为选择没有任何纹理的衣服，你就不会被看作是经常出入夜总会的人，也不会被误解为穿着20世纪70年代父亲曾经穿过的衣服。不过没有纹理的西装可能感觉比较单调，所以你也可以选择有纹理的，但务必保证纹理要像针一样细，因为纹理宽度越大，代表你的智商越低。

(6) 选择什么样的型

“欧洲型”最大的特征就是比较明显的肩部轮廓，坎肩一般裁剪得也非常紧凑合身，不过后面没有开襟。

“意大利型”最近开始流行，是一种融合了“欧洲型”、“美国型”及“SavlleRow型”等各种特点的设计款式，可以称之为这三种西装的折中型。肩部轮廓看起来非常宽广，身体的曲线设计得也非常自然，大部分情况下后面都有两个开襟。

对于那些肚子凸出得非常厉害、比较胖的人，选择可以遮掩自己体型的“美国型”西装或者是比较宽松的“意大利型”西装都是不错的。对于那些个子不高、身材比较矮小的人，“欧洲型”是不错的选择，而尽量避免选择“美国型”西装。

西装是你在战场上的“盔甲”，所以正在为追爱苦苦烦恼的男士们赶紧行动起来，为自己寻找一套“盔甲”吧！

大智若愚，糊涂是福

清代著名诗人、书画家郑板桥曾写过一个条幅：“难得糊涂。”当然，这里所讲的“糊涂”是指心理上的一种自我修养，意在劝人明白事理，胸怀开阔，宽以待人。如果一个人遇事总是过分计较，一味地追究到底，硬要讨个“说法”，那么烦恼和忧愁便会先于“说法”而来，反而不利于解决问题。对于复杂的感情来说，更是如此。

我们经常说，睁一只眼，闭一只眼，就是说对一些事情不要过分追究。在婚姻生活中，我们要做到婚前清醒，婚后糊涂；婚前认真，婚后马虎。

有一位男士，如今已过不惑之年，人们都羡慕他的清醒和聪慧。可他先后谈了多少女朋友，他自己也说不清，到头来还是孑然一身。

在他的恋爱当中，如果女朋友向他许诺说：“房子问题很快就解决了。”他便会深入女朋友的单位调查，然后批驳说：“分房子根本就没考虑你！”女朋友向他许诺说很有可能要提升，他又进入女朋友的办公室左论证右考察，最后批驳说：“你根本别抱幻想。”于是他的女朋友像走马灯似的一个个走开了。谈到他的婚姻，大家都感叹说：“他太清醒了。”

常言所说的“大事清楚，小事糊涂”，即指对原则性问题要清楚，处理起来要有准则，而对生活中非原则性的小事，则不必认真计较。在日常生活中，我们对一些非原则性的不中听的话或看不惯的事，可以装作没听见、没看见或是随听、随看、随忘，做到“三缄其口”。

有这样一对夫妇。有一天，男人失业了，他没有告诉女人。他仍然按时出门和回家，并不忘编造一些故事欺骗女人。他说新来的主任挺和蔼的。

每天，男人夹着公文包，挤上车，三站后下来，坐在公园的长椅上，愁容满面地看广场上成群的鸽子。到了傍晚，男人换一副笑脸回家。他敲敲门，大声喊：“我回来啦!”男人就这样坚持了五天。

五天后，他在一家很小的水泥厂找到一份短工。那里环境恶劣，飘扬的粉尘让他的喉咙总是干的。劳动强度很大，干活的时候他累得满身是汗。组长说：“你别干了，你的身体不行。”男人说：“我可以。”他咬紧了牙关，两腿轻轻地抖。一天下来，男人全身沾满了厚厚的粉尘。

下班后，男人在工厂匆匆洗个澡，换上笔挺的西装，扮一身轻盈回家。他敲敲门，大声喊：“我回来啦!”女人就奔过去开门。满屋葱花的香味，让男人心安。饭桌上，女人问他：“工作顺心吗?”他说：“顺心。”

饭后，女人说：“水开了，要洗澡吗?”男人说：“洗过了，和同事洗完桑拿回来的。”女人轻哼着歌，开始收拾碗碟。男人想："好险呢，差一点儿被识破。"疲惫的男人匆匆洗脸刷牙，然后倒头就睡。

就这样，男人在那个水泥厂干了二十多天。快到月底了。他不知道那可怜的一点工资能不能骗过女人。那天晚饭后，女人突然说："你别在那个公司上班了吧，我知道有个公司在招聘，帮你打听了，所有的要求你都符合，要不要明天去试试?"男人一阵狂喜，却说："为什么要换呢?"女人说："换个环境不是很好吗？再说这家待遇很不错呢。"于是第二天，男人去应聘，结果被顺利录取。

那天，男人烧了很多菜，也喝了很多酒。他知道，这一切其实都瞒不过女人的。或许从去水泥厂上班那天，或许从他丢掉工作那天，女人就知道了真相。但是女人却没有说，而是默默地鼓励他，帮他找工作。如果女人没有从男人的角度来看问题，而是逼问他为什么把工作搞丢了，工作丢了为什么没有告诉她？试想，这样不仅会使男人感到疲倦和压力，而且也会使整个家庭蒙上阴影。可以说，正是女人的宽容，才使男人有了现在的成功。

人人都有自尊心和虚荣感，聪明人要懂得尊重伴侣的自尊心，要学会尝试了解对方的难言之隐，站在对方的立场看问题。

"水至清则无鱼"这同样适用于爱情，太清醒了也许就没有美满的爱情了。汉字的"婚"拆开来看，就是一个"女"字和"昏"字，这很让人玩味。假若不昏了头、不昏得稀里糊涂，说不定这世上就没有情和婚姻了。

过日子，要糊涂些，厚道些，宽容些。郑板桥在饱经人世沧桑后，自书“难得糊涂”用来自警。人生难得糊涂，婚姻也难得糊涂。

婚姻像一张白纸，夫妻是两个画家，重要的是看你在这张白纸上涂抹什么颜色，是画龙点睛，还是画蛇添足，全看两个人的兴趣和修养——如果夫妻双方共同努力，心往一处想，劲儿往一处使，水往一起流，有相同的构思，有精致的笔墨，有和谐的色彩，一起规划美好的未来，那么婚姻这张图画会越来越精致，越来越美丽。

两个人的世界有甜有苦，睁开你的一只眼看清她的优点，闭上你的另一只眼包容她的缺点，才能体味到幸福的滋味。

用幽默为婚姻调味

幽默感也是一门艺术，幽默是展示男人魅力和形象的一种不可或缺的手段。幽默使男人深具内涵，能用轻松浅显的话语表达深刻的内涵；幽默是男人乐观豁达的表现，他能用乐观进取的心态克服困难。有幽默感的男人更能吸引女人的目光。

王辉是一个孝顺听话的人，从小到大，听着父母的教导本分做人。本来父母的话没错，可是王辉却误读了父母的老实忠厚，形成了内向、无趣的性格。在他眼里，调皮、幽默的人都是不懂本分的不可靠之人。王辉虽然也跟幽默风趣的人交朋友，但是他始终保持着自己内向的本色。看到自己的朋友一个个都有了女朋友，他也没感到什么压力；听着朋友劝他“你要幽默开朗一点儿，这样才会赢得女孩儿的芳心”的劝告，他也不那么在意。用王辉自己的话说，就是我要等待着我的天使，我要给我的女人最可靠的感觉。

大学第四年，王辉交到了一个女朋友，大学毕业后，他们的感情如小舟顺水驶向大海——最终两个人结了婚，时间一长，两个人走过了恋爱的激动时期，也结束了蜜月的甜蜜时期，日子一天天地平淡下来，生活真的开始了柴米油盐的本质。王辉发现两个人的话越来越少了，自己的老婆也不像当初那般喜欢没完没了地跟自己说个不停了。王辉疼老婆，可看着心爱的人忙了一天疲惫地靠在床头时，他却不能让她放松下来，开怀大笑如当初。王辉看在眼里，急在心里，可是他不知道该如何是好。后来，他发现老婆在看小品的时候，比看见自己还开心。看着电视的老婆常会说："老公，你怎么就不会幽默一点啊。"王辉觉得老婆变了，觉得不满足了……

其实，王辉不明白，老婆并没有像他所说的"变了"。老婆当初看上王辉的老实、可靠，但是并不代表老婆不喜欢幽默风趣的男人。女人的择偶标准不同，虽然喜欢幽默风趣的男人，但是可能为了婚姻的稳定而嫁给老实的男人。假如她遇到一个幽默风趣又可靠的男人，那她会义无反顾地投入对方的怀抱。因为与幽默风趣的男人相处，女人更快乐。

男士们要想在和自己爱人的交往中有所突破，一个卓有成效的利器就是幽默。因为幽默可以代表一个人的才华与素养，幽默的语言常常可以产生意想不到的效果。同样的，幽默在男士们追爱的过程中也有着极其重要的作用。所以，男士们一定要有幽默感。

莎士比亚说："幽默是智慧的闪现。"在人际交往中，要想善于使用幽默的技巧，就需要具备一定的智慧，对于一个才疏学浅、孤陋寡闻的人来说，是很难生出幽默感的。

幽默既是一个人的能力，也是一个人的品格，所以男人们不可能像学习一门简单的手艺那样，不费什么力气就学会了幽默。因为幽默体现了一个人的智慧和境界以及一个人对人生、对社会深刻的理解，只有靠自己的聪明透过事物的表象洞察深层的本质，对生活有着较高水平的理解，才能够把那些严肃的东西用轻松的方式表现出来，让生活压力减轻，让那些刻板的东西放出光彩，才能化腐朽为神奇，让枯燥乏味的生活变得浪漫，让眼泪里飞出欢笑。要学会幽默确实不简单，要丰富自己的知识，打开自己的眼界，开放自己的心灵，从而达到对人生、对社会和对自然的深刻领悟。当你达到这样的境界时，即使是在黑暗中你的心也仍然是敞亮的，即使是在灾难中你的心灵也仍然是宁静的，这时你才能从那些严肃、沉重的事物中发现乐观的、轻松的东西，这就是幽默。

幽默是一个人魅力的体现。并不是所有人都具备讲笑话的能力，只有那些对生活有着深刻的理解，并且对人与人之间的复杂关系有着清醒认识的人，才能让大家既感到高兴又不显得唐突。幽默的精髓在于超乎常理，即俗话说："理儿不歪，笑话不来"。幽默不能简单地被理解为讲笑话，不讲究场合和时机，不懂其中的技巧，随心所欲，滥用这种方式，只能弄巧成拙。幽默是超乎常理的敏捷思维，超越一般的思维模式，其要领正在于随机应变。

缺乏自信的人是无法幽默的。幽默可帮助我们融洽合群，向前推进，但要求在人生态度和行为上，表现出足够的自信，敢于一次又一次地自嘲，也有足够的敏感度，当置身于非常不利的处境时，评论事情较轻松的一面而使人感到宽怀。

乐观爽朗的态度能把握住生活的境界，敢于笑对人生和自己。语言幽默需要讲话人主动找笑料，讲句俏皮话、逸闻故事、双关语，或改个腔调，或者综合运用这些技巧。观察别人的幽默，找出自己喜爱的，亲自试试看，不断实践并使用那些你感到得心应手的节目。

同时，所有的幽默并非都是即兴而发的，我们也不可能总是依靠机智，而应在平常的生活中为临时情况做准备，储备一些趣闻逸事，以便在合适的场合轻松应用。

另外，还要注意，幽默不可过分。幽默的功效再多，也不可太过分，过犹不及。任何好事做过了头，也会变成坏事的，幽默用得过分，也会损害自己的形象，就像我们所担忧的那样，女人们有可能会因此不认真严肃地对待你。

你可以没有钱，可以不英俊，但一定不可以不幽默。不懂幽默就不懂生活的真谛，没有生活的追求。幽默可以代表一个人的才华与素养，幽默的语言常常可以产生意想不到的效果，幽默在男士们追爱的过程中也有着极其重要的作用。所以，男士们一定要有幽默感。

“鱼”与“熊掌”也可得兼

事业是人生的追求，家庭是生活的基础。每个人都希望事业与感情能够平衡发展。但是，在忙于事业的同时，也不要忘了多留些时间给家人，关心家人，尊重家人。有了家庭的理解与支持，追求事业时才会更有冲劲儿，才能让家庭生活与事业处在平衡点上，而不是有了事业就忽略了家庭。各位男士们要懂得，“鱼”与“熊掌”是可以兼得的。

每天下午3点，姚先生会准时离开办公室。堵车的高峰期还未到来，只用了半个小时，就回到了离城较远的家。回到家中，姚的儿子已经放学回家，吃过点心，正等着父亲的归来。姚先生的经济很宽裕，但他不认为家教的水平会比自己高。等到翻开儿子厚厚的各科英文教材，姚先生才发现自己轻敌了：不少专业单词他根本不会，需要现查字典；很多习题的难度也让他吃惊，对太太和儿子夸下的海口现在要收回可有些晚。于是，姚先生拿出当年高考的劲头，晚9~12点开始“自学”。

第二天下午4点开始，他把前夜学来的“货”再贩给儿子，有问必答，有难必解。儿子又惊又喜，由衷地称赞：“爸，你真棒！比我们老师讲得好多了。”姚先生有些心虚地抹把汗：还好，没让儿子给问住！当个让儿子喊“棒”的老爹也不易啊。一学期下来，儿子的各科成绩全面提升，姚先生也越教越轻松。

半年来的“自学—自教”模式潜移默化地影响了姚先生的很多观念与生活方式。他变得不那么在意商战的输赢，少挣钱或者事业做不做大都可以，但就是不能侵占他回家与妻儿团聚的时间。而一旦偶有闲暇，他也不会因为找不到事做而难受与空虚，因为他又捡回了学生时代爱读书的好习惯。

每晚 6:30，姚先生坐在自家的餐厅，面前摆放着家常便饭。一壶暖好的黄酒，源源倒进两个质地样式完全相同、颜色各异的情侣酒盅，盅上的全家合影在酒的映衬下生动而温馨。餐桌中央的鲜花采自门前的花园，空气中，花香混合着酒香，弥漫到房间的各个角落。姚先生攒了一筷子菜，招呼着妻儿：“来，咱们吃饭。”

姚先生不止一次向朋友们描述过这一场景和内心感受：“你看，左边坐着我的结发太太，右边坐着我的宝贝儿子，一家人平平安安、高高兴兴地在一起吃饭。你问我什么是人生的幸福？我说，这就是幸福！”

工作与生活就像天平两端的砝码，有一头偏沉，天平就会失衡。事业与家庭究竟孰轻孰重，这个问题困扰着许多男人。只要善于找到两者的平衡点，“鱼”和“熊掌”亦可兼得。

28 岁的小帅是一位销售人员。随着市场需求的萎缩，销售工作举步维艰。为应对恶劣的市场环境，销售人员加班加点，与客户联络订单。小帅连轴转了好几个月，他已经记不起上一次与女朋友约会是什么时候了。

最近，小帅与女朋友发生了激烈的争吵。原来，女朋友始终希望小帅能够从事稳定一点的工作。近来小帅频繁地加班，使得两人的沟通时间少之又少。女朋友再次提出让他换工作，两人便开始争吵，甚至一度到了要分手的地步。两人都很苦恼。

小帅在工作负荷不太重的情况下，能够妥善处理工作和生活的关系，既保证工作业绩，又保证生活质量，这是一种和谐平衡的状态。而随着工作强度的加大，工作时间占据了许多生活时间，工作和生活的冲突便随之而来。所以，对他来说，眼下最要紧做的就是学会合理统筹，做好安排规划，做到生活工作两不误。

家庭是社会生活的核心内容之一，人们天天都生活在各自的家庭中。谈及家庭，几乎每个家庭的人都可以如数家珍。不同背景和经历的人根据自己的理解、价值观念和理想憧憬，都可以在家庭话题上侃侃而谈。家庭是永恒的话题，它能令人生出很多感慨、感悟和感想。

家庭是幸福的源泉。要成就一番事业，离不开家庭的支持。家庭是大后方，后方安定幸福，家庭成员方能放手去拼搏、去奋斗，才能无牵无挂，集中精力去干一番事业。家庭是事业的支撑，家庭稳固祥和，事业才兴旺发达。如果家庭硝烟弥漫，岌岌可危，必定影响家庭成员的事业。

要平衡生活和工作，最重要的是培养健康的心态，以健康的心态对待生活与工作，生活就会变得美好，工作就会变得轻松。工作和生活劳逸结合，张弛有度，就能做到平衡了。

工作时像蚂蚁一样。工作时像蚂蚁一样全力以赴、毫不保留，高效地利用工作时间，如此你完全可以做好手头的工作，不让工作侵占亲近、照顾家人的家庭时间，把轻松和快乐带回家，像蝴蝶一样悠然享受生活。

宠辱不惊，笑看人生

平和是一种修养，是一种境界。有道是“不以物喜，不以己悲”。只有淳朴的心灵不被浮尘所染时，我们才会享受到平和的怡美。

有人曾问苏格拉底：“请告诉我，为什么我从未见过您皱眉，您的心境怎么总是这样好呢?”苏格拉底答道：“我没有那种失去了它就使我感到遗憾的东西。”不以物喜，不以己悲，这是人生的一种境界。“跌倒了并不可怕，重要的是懂得站起来时手里能够抓到一把沙子。”

平和的心态对健康的积极作用，是任何药物所不能替代的，在竞争日益激烈的今天，男人要学会平和自己的心态，这对身体健康乃至事业的成败都是至关重要的。

有句俗语：“心静自然凉”，如果人的心态、心境能够悠然、恬静、积极健康、顺其自然，那么即使是在炎热的夏天，也会有清凉的感觉。或许有人会说古人生活在田园之间，“采菊东篱下，悠然见南山”这种典型的农业文明，人不需要面对那么多的诱惑，自然能够做到心态平和，这句话或许有一定的道理，在物欲横流、诱惑重重的今天能够做到平和的确并非易事。在数字化的时代，我们不断地接受各种各样的刺激，不断地吸收五花八门的信息，不断地追求和积累所谓的人生价值。面对纷繁复杂的大千世界，久而久之，连我们自己都会被搅得晕头转向，不知道这些到底是什么，自己所要的又是什么。我们积累的太多关于名誉、地位、财富、学历的欲念，同时也积累了很多兴奋、自豪、快乐、幸福以及烦恼、郁闷、懊悔、自卑、挫折、沮丧、愤怒、仇恨、压力种种复杂的情绪。我们会时常为之所动，甚至神魂颠倒；被外界的刺激搅得心神不宁甚至坐立不安。要重新稳固我们生活的定力，回归平和的心态，就常常得给自己的心理洗洗澡，经常将这些积累的东西分类鉴别：早该抛弃的是否依旧还在占据你的心灵空间，早该珍视的是否还在被你漠视，吐故纳新之后，就如同你在擦拭掉门窗上的尘埃与地面上的污垢，把一切整理就绪之后，整个人好像心理阴霾得到荡涤一样，获得一种快意的心理释放。

心理学家也告诉我们，对自己不要过于苛求。若把目标和要求定在自己力所能及的范围内，不仅易于实现，而且心情也容易舒畅。

《菜根谭》中说："宠辱不惊，闲看庭前花开花落；去留无意，漫随天外云展云舒。"只有当心态有了平和而又不失进取时，我们生存在这个社会中才能左右逢源，许多类似于婚姻的棘手问题才可迎刃而解，许多人间的美景才能尽收眼底。人的一生中在一段时间内做到平和并非难事，但是当荣誉、地位纷至沓来的时候，在鲜花、赞美中仍能保持平和的心态，就非易事了。所以，平和的心态是一种至高的境界。

做男人，尤其需要这种平和的心态！

你要知道，成功仅仅是人生旅途的一个驿站，任何一次婚姻的失败都是成功前的一次积累，关键是要有平和的心态。